新型城镇化与基于社会质量提升的整体性社会管理研究

周昕皓　著

北京理工大学出版社
BEIJING INSTITUTE OF TECHNOLOGY PRESS

图书在版编目（CIP）数据

新型城镇化与基于社会质量提升的整体性社会管理研究/周昕皓著．—北京：北京理工大学出版社，2017.6

ISBN 978-7-5682-4104-5

Ⅰ．①新…　Ⅱ．①周…　Ⅲ．①城市化-关系-社会管理-研究-中国　Ⅳ．①F299.21②D63

中国版本图书馆CIP数据核字（2017）第120398号

出版发行／北京理工大学出版社有限责任公司
社　　址／北京市海淀区中关村南大街5号
邮　　编／100081
电　　话／（010）68914775（总编室）
（010）82562903（教材售后服务热线）
（010）68948351（其他图书服务热线）
网　　址／http：//www.bitpress.com.cn
经　　销／全国各地新华书店
印　　刷／北京泽宇印刷有限公司
开　　本／710毫米×1000毫米　1/16
印　　张／9
字　　数／171千字
版　　次／2017年6月第1版　2017年6月第1次印刷
定　　价／38.00元

责任编辑／王晓莉
文案编辑／王晓莉
责任校对／周瑞红
责任印制／李志强

摘　　要

纵观世界范围内，发达国家和一些新兴的发展中国家经历的现代化和经济社会转型，往往被视为一个复杂性的、内部矛盾丛生的悖论系统。在贝克的“风险社会”或是阿尔布鲁的“全球时代”理论和相关研究中，都强调现代化和经济社会转型过程中充斥着风险性、复杂性、偶然性和不确定性。当今，我国正处在现代化和经济社会转型的关键时期。随着城镇化发展的不断加快，截至2012年年底，我国城镇化水平已达到52.57%，已然步入城镇化成熟与高速发展阶段。在原先“以物为本”的城镇化和“重经济轻社会”的社会管理理念与模式下，我国经济发展取得了举世瞩目的成就，但社会的发展却进展缓慢。随着全球化进程的加速和发达国家发展经验的启示，加快社会管理建设的步伐已经成为我国政府的工作重心之一。同时，城镇化进程的加快与“以人为本”新型城镇化战略的提出也对社会管理提出了严峻的挑战。随着经济社会转型的深入，社会问题呈现出复杂性、多发性和不确定性等特征，倒逼社会管理进行转型升级。

我国正处在从传统城镇化走向新型城镇化的战略转型阶段，这既是社会管理转型升级的社会背景，又是社会管理转型升级的必经阶段。从复杂系统理论来看，系统在很大程度上是由活动于其中的环境所塑造的，特定的社会环境决定特定系统的发展。因此，既不能孤立地研究城镇化，也不能单独研究社会管理的转型升级，必须以系统的思维看待新型城镇化背景下的社会管理转型升级。

现有的相关研究较多地将城镇化与社会管理两者割裂开来进行探讨。国内学者对城镇化的相关研究早期集中于城镇化的概念、特征、阶段划分和发展动力等，近年来国内学者更多集中于城镇化的指标测度和传统城镇化的负面效应及发展对策的研究。社会管理研究的兴起是在2010年以后，研究主要集中于社会管理的概念、内涵、特征、问题和对策建议等方面。国外学者的相关研究也存在缺乏以整合与系统的观点看待两者关系的问题，并且由于政治经济体制的差异，人们对国外的经验只能借鉴而不能简单地采取拿来主义。可以看出，现有的研究成果丰硕，但在城镇化和社会管理之间缺乏联系，对以新型城镇化为背景的社会管理进行系统性的研究存在缺失，在城镇化与社会管理之间的互动演绎、新型城镇化与社会管理转型升级之间的耦合关系、新型城镇化背景下社会管理的提升策略等方面，还有较大的研究空间。

本书在梳理现有相关文献的基础上，从整体性治理理论和社会质量理论出发，构建了新型城镇化进程中社会管理转型升级的分析框架。由此展开了对城镇化与社会管理的历史沿革与动态匹配、新型城镇化进程中的社会管理问题、国外城市化进程与社会管理经验借鉴以及我国新型城镇化进程中社会管理转型升级对策的研究。

我国城镇化与社会管理在历史的演变中可以划分为不同的阶段，但无论是从阶段性来看还是从整体性来看，两者之间存在着紧密的联系，两者互为动力又互为目标，在发展中呈现双螺旋共同演进的特征。而新型城镇化的战略转型对社会管理提出了挑战，现阶段社会管理的发展落后于新型城镇化的需求。新型城镇化进程中的社会管理存在碎片化（组织和职能裂解）、硬性（重管控轻服务，社会管理公共服务欠缺）、片面（重经济轻人文，社会核心价值观欠缺）、消极（被动社会管理，缺乏主动制度供给和创新）、单一（社会管理主体单一）等问题，这些问题阻碍了新型城镇化的发展。国外城市化发展历史悠久，并已成功进入城市化高度成熟的经济发达国家的层次，其发展过程中城市化与社会管理的互相促进与补充给予了我国一些借鉴经验。

在前文全面分析的基础上，本书提出了基于整体性社会管理构建和社会质量提升的新型城镇化进程中社会管理转型升级的对策。在宏观层面，从整体性社会管理的组织构建和制度构建，形成一个完整的，纵向、横向整合的整体性社会管理体制。在微观层面，通过公共服务建设—增强社会保障、社会核心价值观建设—增强社会凝聚、社会法制化建设—增强社会包容、多元化社会管理主体建设—增强社会赋权四个维度的社会管理提升对策，实现社会转型。结合宏观的体制构建和微观的发展对策，构建基于社会质量提升的整体性社会管理新格局，希望能对我国新型城镇化进程中的社会管理提升提供参考和借鉴。

关键词：新型城镇化　社会管理　整体性治理　社会质量

Abstract

Around the world, the experience of the modernization and the economic and social transformation in developed countries and some emerging developing countries is often deemed as a paradox system which is complex and filled with internal contradictions. The related researches about Beck's "Risk Society Theory" or Albrow's "Global Age Theory" are all emphasized that the process of the modernization and the economic and social transformation is filled with risk, complexity, contingency and uncertainty. Nowadays, China is in the key period of the modernization and the economic transformation. With the accelerating of urbanization, the urbanization level of our country had reached to 52.57% by the end of 2012, and that means urbanization of China had entered a mature and high growth path. In the original "material based" urbanization and the "appreciate economy while downplay society" mode of social management, China's economic development has made remarkable achievements, but the progress of social development is slow. With the enlightenment of accelerated globalization and the development experience of developed countries, the acceleration of the social management construction has become one of the priorities of the Chinese government. In the meantime, the acceleration of urbanization and new-type urbanization strategy of "human based" also challenge the social management. Society problems are characterized by complexity, multiple and uncertainty with the deepening of the economic and social transformation, which reverses force to carry on the transformation and upgrading of social management.

China is driving the strategy transition from old-type urbanization towards the new-type urbanization, which is not only the social background, but the analysis framework and ultimate concern of the transformation and upgrading of social management. From the point of the complex system theory, system largely shaped by environment and the given social environment determines the development of the system. So we can't isolate the research of urbanization and we also can't study the transformation and upgrading of social management separately. Instead, we must start with a systematic thinking to study the transformation and upgrading of social management under the background of new-type urbanization.

Existing related researches always separate urbanization from social management. Domestic early research about urbanization focused on theoretical research, such as the concept, characteristics, stage division and development power of urbanization. While nowadays scholars mainly pay attention to metric of urbanization, negative effects and countermeasure research. The rise of the social management research began after 2010, the researches mainly focus on the concept of social management, the connotation, characteristic, problems and countermeasures, etc. Foreign scholars in related research are lack of integrative and systematic view to treat the relationship between two. Due to the differences in political and economic system, we can only take foreign experience for reference, but not simply use it. As you can see, the existing researches are fruitful, but they lack the contact between the urbanization and social management, and also they are lacking the study of social management under the background of new-type urbanization. There are large research spaces in the interaction between urbanization and social management, the coupling relationship between new-type urbanization and the transformation and upgrading of social management, and the promotion strategy of social management under the background of new-type urbanization.

On the basis of combing the existing related literature, this paper starts with theories of "Holistic Governance" and "Social Quality". And it builds the analysis framework of the transformation and upgrading of social management in the new-type urbanization process. Then unfold researches about the history and dynamic matching of urbanization and social management, reference of foreign urbanization and social management experience and the transformation and upgrading of social management countermeasure research in the China's new-type urbanization progress.

The evolution history of China's urbanization and social management can be divided into different stages, but both in periodic term and holistic view there exists a close relationship between them. They are each other's power and goals, and present the characteristic of double helix co-evolution in the developing progress. The transformation in the new-type urbanization strategy poses challenges to social management, because the present stage of social management lags behind the demand of new-type urbanization. In the new-type urbanization process social management exists fragmented (organization and function cracking), hard (appreciate control while downplay service, lack of social management and public service), one-sided (appreciate economy while downplay humanities, lack of the social core values), negative (passive social management, lack of initiative system supply and innovation), single (the single main body of social management) and so on, these problems hinder the development of new-type urbanization. Foreign urbanization has been a long history, and it has successfully entered a highly mature urbanization level of economy developed countries. During the development period, mutual promotion and supplement between urbanization and social management give us some references.

On the basis of above comprehensive analysis, this paper proposes the countermeasures of the transformation and upgrading of social management, which is based on holistic building of social management and improvement of social quality in the new-type urbanization process. At the macro level, form a complete, vertical and horizontal integrated holistic system of social management from the organization building and system building of holistic social management. At the micro level, strengthen the social security through the construction of public service, enhance the social cohesion by the construction of social core values, strengthen social inclusion through social legal system construction, and enhance social empowerment by multiple main body construction of social management. The transformation of social management which has social quality can be realized by the four-dimension countermeasures above. Combining macro system building and micro development countermeasures, form a holistic systematic development strategy of social management and hopefully provide references for the promotion of social management in China's new-type urbanization process.

Key words: new-type urbanization social management holistic governance social quality

目　　录

1　绪论 ……（001）

1.1　研究背景及意义 ……（001）

1.1.1　研究背景 ……（001）

1.1.2　研究意义 ……（004）

1.2　研究目标及研究内容 ……（006）

1.2.1　研究目标 ……（006）

1.2.2　研究内容 ……（006）

1.3　基本概念界定 ……（007）

1.3.1　新型城镇化 ……（007）

1.3.2　社会管理 ……（010）

1.4　文献综述 ……（013）

1.4.1　国内文献综述 ……（013）

1.4.2　国外文献综述 ……（024）

1.5　研究思路与研究方法 ……（030）

1.5.1　研究思路 ……（030）

1.5.2　研究方法 ……（031）

1.6　研究创新之处 ……（032）

2　基础理论与分析框架 ……（033）

2.1　整体性治理理论 ……（033）

2.1.1　公共行政与公共管理视阈下的社会管理演变 ……（033）

2.1.2　社会管理理论发展的新契机：整体性治理理论 ……（037）

2.1.3　整体性治理的本土化演进之路 ……（039）

2.2　社会质量理论 ……（040）

2.2.1　社会质量理论的理论阐述 ……（040）

2.2.2　社会质量理论适用研究 ……（042）

2.3　新型城镇化进程中社会管理转型升级分析框架 ……（043）

3 城镇化和社会管理的历史沿革及动态匹配 …………………… (045)

3.1 城镇化的历史沿革 …………………………………………………… (045)

3.1.1 1949—1960 年城镇化起步阶段 ……………………………… (046)

3.1.2 1961—1978 年城镇化倒退与停滞阶段 ……………………… (047)

3.1.3 1979—1991 年城镇化探索与稳步发展阶段 ………………… (048)

3.1.4 1992—2012 年城镇化高速发展阶段 ………………………… (050)

3.2 社会管理的历史沿革 …………………………………………………… (051)

3.2.1 1949 年以前的社会管理 ……………………………………… (052)

3.2.2 1949—1978 年探索期的社会管理 …………………………… (053)

3.2.3 1979 年至今发展与完善期的社会管理 ……………………… (054)

3.3 城镇化与社会管理互动关系分析 …………………………………… (056)

3.3.1 城镇化与社会管理互为动力 …………………………………… (056)

3.3.2 城镇化与社会管理互为目标 …………………………………… (057)

3.3.3 城镇化发展与社会管理变迁的匹配 …………………………… (058)

3.4 小结：新型城镇化呼吁社会管理转型升级 ………………………… (061)

4 新型城镇化进程中社会管理碎片化与社会质量低水平化问题分析 …………………………………………………… (062)

4.1 社会管理碎片化的问题分析 ………………………………………… (062)

4.1.1 碎片化的诠释 …………………………………………………… (062)

4.1.2 碎片化的社会管理失灵 ………………………………………… (063)

4.1.3 我国社会管理的碎片化 ………………………………………… (064)

4.2 社会质量低水平化问题分析 ………………………………………… (066)

4.2.1 硬性的社会管理：重管控轻服务 ……………………………… (067)

4.2.2 片面的社会管理：重经济轻人文 ……………………………… (069)

4.2.3 消极的社会管理：重短期轻长效 ……………………………… (071)

4.2.4 单一的社会管理：重政府轻社会 ……………………………… (073)

4.3 小结：社会管理问题阻碍新型城镇化的发展 ……………………… (075)

5 国外城市化进程与社会管理经验借鉴 ………………………… (076)

5.1 美国城市化与社会管理的发展和经验借鉴 ………………………… (076)

5.1.1 美国城市化发展历程 …………………………………………… (076)

5.1.2 美国城市化与社会管理经验借鉴 ……………………………… (079)

5.2 日本城市化与社会管理的发展和经验借鉴 ………………………… (082)

5.2.1 日本城市化发展历程 …………………………………………… (082)

5.2.2　日本城市化与社会管理经验借鉴 …………………… (085)
5.3　国外城市化进程与社会管理经验对我国的启示 ……………… (087)
5.3.1　工业化与城市化同步发展 …………………… (087)
5.3.2　城乡统筹发展 …………………… (087)
5.3.3　政府积极干预 …………………… (088)
5.3.4　多元主体参与 …………………… (088)
5.3.5　扶持发展社会组织 …………………… (089)
5.4　小结：城市化演进需要社会管理的匹配 …………………… (089)

6　我国新型城镇化进程中基于社会质量提升的整体性社会管理的构建 …………………… (090)

6.1　我国特色社会管理：构建整体性社会管理 …………………… (090)
6.1.1　整体性社会管理的组织构建 …………………… (090)
6.1.2　整体性社会管理的制度构建 …………………… (093)
6.2　基于社会质量理论，实现社会管理水平提升的对策建议 ……… (095)
6.2.1　推进公共服务建设，增强社会保障 …………………… (095)
6.2.2　塑造社会核心价值观，增强社会凝聚 …………………… (098)
6.2.3　加快法制化建设，增强社会包容 …………………… (100)
6.2.4　构建多元化主体社会管理格局，增强社会赋权 ………… (103)
6.3　小结：构建基于社会质量提升的整体性社会管理 ……………… (106)

7　结语 …………………… (108)

7.1　研究内容与结论 …………………… (108)
7.2　研究不足与展望 …………………… (110)
7.2.1　研究不足 …………………… (110)
7.2.2　研究展望 …………………… (110)

参考文献 …………………… (112)

致谢 …………………… (131)

图表目录

图 1-1 新型城镇化进程中社会管理研究思路 ……………………… (030)
图 2-1 公共行政与公共管理视阈下的社会管理演变 ………… (033)
图 2-2 整体性治理手段与目标的关系 …………………………… (038)
图 2-3 社会质量的理论构架图 ……………………………………… (041)
图 2-4 新型城镇化进程中社会管理转型升级分析框架 ……… (044)
图 3-1 我国 1949—2012 年城镇化水平变化态势图 ……………… (045)
图 3-2 城镇化与社会管理互动模型 ……………………………… (060)
图 4-1 社会管理问题与新型城镇化关系 ………………………… (075)
图 5-1 1790—2005 年美国城市化率 ……………………………… (078)
图 5-2 1898—2005 年日本城市化率 ……………………………… (083)
图 6-1 基于社会质量提升的整体性社会管理的构建 ………… (107)

表 2-1 公共行政三种经典范式的比较 …………………………… (038)
表 2-2 社会质量因素 ……………………………………………… (041)
表 3-1 1949—1960 年我国人口、城镇数量及城镇化水平变化情况 ……………………………………………… (046)
表 3-2 1961—1978 年我国人口、数量及城镇化水平变化情况 …… (047)
表 3-3 1979—1991 年中国人口、城镇数量及城镇化水平变化情况 ……………………………………………… (049)
表 3-4 1992—2012 年中国人口、城镇数量及城镇化水平变化情况 ……………………………………………… (050)
表 3-5 城镇化发展与社会管理变迁的匹配 ……………………… (058)
表 5-1 美国城市人口数量分布及城市化水平 …………………… (076)
表 5-2 日本城乡人口数量分布及城市化水平 …………………… (082)

1

绪　论

1.1　研究背景及意义

1.1.1　研究背景

诺贝尔经济学奖得主斯蒂格利茨曾经预言，我国的城镇化是影响 21 世纪人类文明进程的世界性课题之一。作为一项复杂的系统工程，我国的城镇化需要政治、经济、社会、文化、生态各项配套改革创新加以推进，实际上是一场全面、深刻的社会变革（樊纲、武良成，2009）①。我国的社会发展正处在“爬坡过坎”的关键阶段，新型城镇化背景下的社会管理，既要注重眼前的管理、服务和质量的改善，更要着眼于长远的标本兼治的转型升级。探索研究新型城镇化背景下社会管理存在的问题，以及如何解决问题顺利实现社会管理的转型升级，有着深刻的国际、国内、社会管理自身转型升级以及新型理论分析工具兴起的背景，“四大”背景相互交织、交互作用，既是深刻影响我国社会管理发展和转型升级的实践及其发展趋向的动力，也是探索具有我国特色和时代背景的社会管理的重要基础。

1. 全球化与国际经验启示我国加快社会管理建设步伐

“现代性孕育着稳定，而现代化的过程则滋生动乱”——亨廷顿（2008）②。

纵观世界范围内，西方发达国家纵然成功渡过了城市化的阶段，但结果的成功并不能完全掩盖过程中的动乱与不安。西欧社会现代化历史上出现的战争、阶级斗争以及其他社会状况的不停动荡和变化，均证明了人类社会发展的道路坎坷，伴随无数的社会风险和问题，但与之适应的社会管理能够有效地化解和应对各种社会力量的碰撞和冲突。

---

① 樊纲，武良成．城市化：一系列公共政策的集合［M］．北京：中国经济出版社，2009：3.

② 朱士群．亨廷顿的政治稳定理论及其借鉴意义［J］．安徽大学学报，2000（5）：33－39.

转型成功的国家顺利进入发达国家行列，而像巴西、阿根廷、墨西哥等新兴市场国家，在城市化和工业化发展过程中，由于不能同步提升社会管理短板，于是陷入“中等收入陷阱”“拉美化陷阱”，不仅至今没有进入发达国家的行列，而且整体社会面临价值失范、社会冲突、秩序紊乱、社会动荡等诸多问题，深陷社会管理困境中。

与此同时，随着全球一体化的不断深入，社会风险通过全球产业连锁，在“蝴蝶效应”的作用下，早已不再局限于某一地区和国家，而是已经蔓延到全球的其他地区和国家，它将深刻波及每一个仍处在城市化进程中的国家。我国现在正处于向发达国家迈进的关键时期，改革开放进入深水区，新型城镇化将是未来几十年推进改革、刺激我国经济再次腾飞的关键。因此，必须加快社会管理建设的步伐，依据我国本土化经验，吸取世界各国跨越社会管理困境的经验教训，创新社会管理，促进新型城镇化的有效推进，实现社会大繁荣、大发展。

2. 政府长期关注下城镇化进程的加快对社会管理提出了新的挑战

城镇化进程一直是党和国家领导人关注的焦点，早在 2002 年党的十六大报告就指出了“实施城镇化战略，统筹城乡经济社会发展……”（江泽民，2002）①，2007 年党的十七大报告又再次强调，“建立以工促农，以城带乡的长效机制……”（胡锦涛，2007）②，2012 年党的十八大报告中，新型城镇化又成为大家关注的焦点，“坚持走中国特色新型工业化、信息化、城镇化、农业现代化道路……”（胡锦涛，2012）③。李克强总理也多次在会议和访谈中表示“新型城镇化的核心是人的城镇化”“城镇化是一个复杂的系统工程，会带来经济和社会深刻的变化，需要各项配套改革去推进”（李克强，2013）④。由此可见，我国正处于经济转型和社会转轨的关键发展期和矛盾凸显期，正由传统的“物化”城镇化向新型的“人”的城镇化转变，这一发展趋势已经成为 1949 年新中国成立至今我国第三次社会变革的标志，将给我国的经济社会结构带来深刻变革，同时给我国社会管理带来了巨大挑战（宋健坤，2012）⑤。

3. 新时期社会问题频发迫使社会管理转型升级

在新时期的背景下，我国社会面临着经济体制转型和社会转型的双重压力。

---

① 党的十六大报告［EB/OL］.［2002 - 11 - 17］. http://news. xinhuanet. com/ziliao/2002 - 11/17/content_693542. htm.

② 党的十七大报告［EB/OL］.［2007 - 10 - 24］. http://news. xinhuanet. com/newscenter/2007 - 10/24/content_6938568. htm.

③ 党的十八大报告［EB/OL］.［2012 - 11 - 01］. http://news. xinhuanet. com/18cpcnc/2012 - 11/17/c_113711665. htm.

④ 李克强. 新型城镇化的核心是人，必须保护农民利益［EB/OL］.［2013 - 03 - 17］. http://news. xinhuanet. com/2013lh/2013 - 03/17/c_115053973. htm.

⑤ 宋健坤. 中国的第三次社会变革［EB/OL］.［2012 - 12 - 27］. http://opinion. huanqiu. com/opinion_ china/2012 - 12/3424306. html.

自改革开放伊始，我国的经济体制开始从计划经济向中国特色市场经济转变，经济体制转型多年后成果颇丰，使经济发展取得了举世瞩目的成绩，然而社会的发展却相形见绌，甚至影响了经济的进一步发展。在这样的背景下，政府也逐渐加大改革力度，将改革深入政府内部，进而推动社会的转型。双重转型给我国带来了巨大的挑战，但同时也是我国现代化进程中的必由之路。从计划经济走向市场经济、从权威走向民主、从封闭走向开放、从人治走向法治，这是国家发展不能逾越的一个阶段，但在这个阶段，社会生产力、生产关系以及原先相对稳定的社会结构将发生深刻的变革，社会不同阶层之间甚至阶层内部不同团体将发生激烈的碰撞，其显著特征就是社会动荡、社会价值观无广泛认同，社会问题频发。清华大学社会学教授孙立平（2013）提出了“转型陷阱”的概念，他认为在变革与转型的过程中，容易出现经济畸形发展以及社会问题不断涌现的状况①。

为了进一步深化改革，推动经济与社会双重转型，扭转经济与社会长期发展非均衡的态势，最终实现经济与社会相互补充、齐头并进、可持续发展的良性循环，中央政府顺应时代发展，提出了新型城镇化的战略构想。在长期以 GDP 为导向、偏重经济发展而轻视社会发展的理念下，以“不出事”为逻辑、碎片化为主要特征的传统社会管理模式，非但无法有效地达到提升整体社会质量目标，反而造成社会成本居高不下、社会风险加大和社会绩效偏低的负面结果。如今这种陈旧的社会管理模式已经不能适应新时代全球化、中国特色背景、新型城镇化以及公民的需求，其需要转型升级为以“人的管理与服务”为核心的具有社会质量的、标本兼治的整体性社会管理。

4. 新型理论工具的兴起

20 世纪 90 年代，自新公共管理改革逐渐式微，西方国家开始了对新公共管理的反思浪潮，以“政府再造”为内容的改革运动席卷整个西方。在美国，新公共服务发展迅速，对新公共管理大有取代之势，其代表人物罗伯特·登哈特提出，新公共服务已然成为公共行政的一种新模式，但此观点仍受到学术界的争议②。在英国，新公共管理的淡出为整体性治理（Holistic Governance）提供了发展的土壤，其代表人物为佩里·希克斯和帕切科·邓利维。并且已有部分学者认为，整体性治理已经成为一种较为成熟的研究范式，有望成为 21 世纪公共管理和政府治理的大理论③。

1999 年 7 月，在荷兰举行的欧盟会议上，800 多名专家学者共同签署了“提

---

① 孙立平．我国进入中等收入阶段后，需要警惕的不是“中等收入陷阱”——“转型陷阱”的提出与意义［N］．北京日报，2013－08－19（18）．

② 竺乾威．从公共管理到整体性治理［J］．中国行政管理，2008（10）：52－58.

③ 彭锦鹏．全观型与制度化治理：理论策略［J］．政治科学论丛（中国台湾），2005（23）：63.

升社会公正与社会参与，使欧洲社会成为具有高度社会质量的社会”的《欧洲社会质量阿姆斯特丹宣言》，在这一价值观的倡导下，诸多学者对“社会质量”展开研究和讨论，逐渐发展成为一个新的社会理论。社会质量理论的提出实现了社会发展研究的范式转变，同时社会质量体现了社会发展的目标和本质①。

整体性治理理论和社会质量理论是当今政府治理、行政管理和社会学界等学科及研究领域的研究前沿，诸多学者在对理论进行发展和拓宽的同时，也立足于理论，对政府行为进行了很多有价值、有意义的理论探讨和实践研究。近年来，国内诸多学者也对这两大理论本土化做出了许多贡献，但无论是理论的本土化还是理论的实践性均不成熟。两大理论在国内仍处在引入和发展阶段，但理论的发展和应用前景被广泛看好。

1.1.2 研究意义

1. 理论意义

随着社会管理相关领域各项研究的不断深入，越来越多的学者引入一些新的分析工具，或者结合社会发展背景进行实证研究，本书也是在此学术环境和背景下对社会管理研究进行了更深一步的探索。

第一，探索了新型城镇化背景下的社会管理。理论指导实践，没有好的理论就没有成功的实践。我国的新型城镇化是一个长期的过程，不同阶段有不同特征。在新的环境和背景条件下，经济、社会发展的诸多因素都发生了变化，原有的社会管理理论成果仅能成为以往社会管理的理论依据，而当前形势下的社会管理遭遇了怎样的问题，应如何解决，最终如何实现社会管理的转型升级仍然缺乏相应的社会管理理论指导。因此，社会各界迫切需要新型城镇化背景下社会管理指导理论的出现，为现实经济社会发展、社会管理和政府决策提供理论依据和政策参考。

第二，引入了新的理论分析框架。近年来，随着我国步入经济和社会双转型期，社会矛盾加剧。在社会管理方面，政府有限的人力、物力和财力资源并不能面面俱到，由此引发了学术界等社会各界对如何优化和加强社会管理的研究，各类研究主要引入社会学、公共管理、政治学等理论，以此来解释和分析社会管理中存在的问题及其对策。但随着时间的推移，研究工具缺乏创新，笔者在本书中引入整体性治理和社会质量理论的分析框架，尝试对新型城镇化背景下的社会管理存在的问题进行剖析，并有针对性地给予对策和建议。一定程度上扩宽了学术界对社会管理问题的研究视角，起到了抛砖引玉的作用，为今后的相

① 张海东．从发展道路到社会质量：社会发展研究的范式转换［J］．江海学刊，2010（3）：119－123.

关研究提供了参考和借鉴。

第三，探索和完善我国社会管理基本规律的研究。新中国成立后，在长期的经济社会建设和社会管理中，我国已然形成并总结出了一些适合我国基本国情的社会管理规律，并在以前较长时期里发挥了不可磨灭的作用。但社会是动态发展的，在发展过程中，我国的内部和外部环境均在发生着剧烈的变化，新情况和新问题不断出现，这时我们就需要根据社会发展的具体状态对社会管理进行不断调整，发展和创新社会管理机制，探索和完善符合社会现状的社会管理规律。本书将通过分别研究城镇化和社会管理的历史沿革，以及两者在历史中的互动关系，结合新时期新型城镇化的背景，探索、归纳和总结我国社会管理的规律，为完善我国社会管理基本规律的研究尽一分力量。

2. 现实意义

新型城镇化与社会管理将是我国今后长期经济社会发展中的两大关键点，如何在新型城镇化的战略背景下适时地实现社会管理转型升级，以适应处于深刻变革过程中的我国特色社会，将是政府工作的重点。因此，研究新型城镇化背景下社会管理的现实意义体现在以下几个方面：

第一，有助于界定和厘清新型城镇化进程中社会管理存在的问题。社会管理的转型升级应该围绕着新型城镇化背景下社会管理存在的问题展开。而政府要想解决社会管理问题，首先要学会解构社会问题，即探明社会管理问题的本源、清楚社会管理问题的前因后果。在新型城镇化进程中，社会管理发展面临着诸多问题，通过适用性新型理论对问题进行分类和归纳，并明晰问题的本源，是社会管理发展的首要前提。通过对社会管理问题的解构，可以厘清现有社会管理转型升级中面临着哪些问题，进而从社会管理机制、政府政策措施出台上进一步改善社会管理发展的路径。

第二，有助于政府关于社会管理重大战略部署和政策措施的出台。中央政府适时提出社会管理创新理念，其实质是为探索和建设与新型城镇化战略目标相适应的社会管理体系，将社会管理转型升级作为一个新的改革阶段和渐进路径，为政治建设、经济建设、文化建设、社会建设和生态文明建设的全面社会主义建设做出贡献。新型城镇化的战略构想提出不久，中央政府对相应社会管理的改革也刚刚起步，因此仍处在摸索阶段。受限于缺乏经验和适应理论的指导，中央政府对社会管理的改革进程缓慢。要贯彻中央政府的决策意图和政策导向，就需要对新型城镇化进程中的社会管理问题与对策进行研究，并形成成文的组织、制度改革构想和政策意见，使中央政府通过社会政策等手段逐步推进社会管理的转型升级。

1.2 研究目标及研究内容

1.2.1 研究目标

本书将研究放在我国新型城镇化的环境中来，结合党的十七大报告、党的十八大报告、党的十七届五中全会精神和“十二五”规划针对社会管理所提出的具体要求，在充分借鉴国内外已有研究成果的基础上进行理论整合，努力取得创新性的成果。具体而言，本书研究的预期目标如下：

第一，全面梳理和研究国内外城镇化与社会管理相关的研究，对文献进行整理、归纳和总结，争取取得社会管理相关背景下理论研究的突破。

第二，梳理和研究我国城镇化和社会管理的演进历程，分析并得出两者之间动态匹配、协同演进的规律。

第三，研究整体性治理和社会质量理论对我国新型城镇化进程中社会管理的适用性，即通过先进社会管理理论的指导和应用，拓宽我国社会管理的研究视角。

第四，践行和推进新型城镇化进程中的社会管理，通过对社会管理问题的解构，有针对性地提出如何实现新时期社会管理转型升级的对策与建议。

1.2.2 研究内容

本书研究围绕着社会管理问题与对策展开，聚焦新型城镇化背景下，从整体性治理和社会质量理论的角度研究社会管理问题。其主要研究内容如下：

第一，本书系统梳理了城镇化和社会管理的相关理论、文献和实践研究，讨论了其理论基础。经过多年的研究发展，社会管理的理论视角变得更为广泛，社会管理的概念也更加深入，因此本书对新型城镇化与社会管理进行了再次的概念界定。

第二，分析我国城镇化和社会管理的历史沿革和演进规律。“要解释真实的世界，就必须先认识真实世界是一个怎样的世界”（黄晓鹏，2010）①。在详尽分析的基础上，对两者进行同时期的动态匹配研究，探寻两者之间的互动关系、相互作用和演进的规律与机理。

第三，立足整体性治理和社会质量理论，对我国新型城镇化背景下的社会管

① 黄晓鹏．企业社会责任：理论与中国实践［M］．北京：社会科学文献出版社，2010：5.

理存在的问题进行解构、剖析和归纳，清晰认识和厘清问题存在的本源，为解决社会管理问题打下坚实的基础。

第四，基于前文的详尽分析，从宏观整体性社会管理的体制构建和微观基于社会质量提升的政策措施两个层面提出新型城镇化进程中社会管理转型升级的对策和建议。

1.3 基本概念界定

1.3.1 新型城镇化

城镇化，国际上一般称为城市化、都市化。对于城市化和城镇化的争论在国内由来已久，但近年来官方文件多次使用“城镇化”的概念，逐渐结束了称谓上的争端，在实际使用中，大部分学者认为两者含义相同①。因此，本书研究中将“城市化”视同为“城镇化”。

追本溯源，城镇化的概念出现于马克思（1858）的《政治经济学批判》中，他指出“现代的历史是乡村的城市化，而古代是城镇的乡村化”②。1867 年西班牙工程师 A. Serda 所著的《城市化基本理论》中，首次使用了城市化（Urbanization），这一概念被用来大致描述乡村向城市演变的过程；至 20 世纪，这一概念已被全世界范围内诸多学者接受，于 20 世纪 70 年代后期被引入我国学术界，并被承认和接受。

“城镇化”是继“城市化”之后出现的具有我国特色的词汇，辜胜阻在《非农化与城镇化研究》中第一次提到“城镇化”，并进行了一系列的研究（辜胜阻，1991）。由中共第十五届四中全会研究并通过的《中共中央关于制定国民经济和社会发展第十个五年计划的建议》，创新采用了“城镇化”这一说法，这是“城镇化”第一次出现在我国的官方正式文件中。

目前，国内学术界不同学科关于城镇化研究的内容和视角都不一样：经济学主要关注生产要素的聚集效应和产业结构的升级问题，地理学主要研究城乡物理空间布局的转换问题，社会学主要研究社会阶层的流动和生活方式的变化问题，人口学主要研究城乡人口的转变问题，管理学则主要关注城镇化的效率和质量问题。因此，关于“城镇化”概念至今尚无比较统一的界定，较具代表性的观点：随着社会生产力发展和演变，人类生产、生活方式和居住方式都不断发生改变的

---

① 王本兵．我国城镇化发展的制度创新研究［D］．青岛：中国海洋大学，2011：22－23.

② 张贵凯．人本思想指导下推进新型城镇化研究——以陕西省为例［D］．西安：西北大学，2013：13.

过程被称为城镇化（蒙世军，1998）①；指由于社会生产力的发展而引起的城镇数量的增加及其规模的扩大、农村人口转变为城市人口的过程（顾朝林，2000）②；指社会由主要依靠第一产业支撑的农业型社会向主要依靠第二、三产业支撑的新型社会转变，象征着社会的不断进步（曾培炎，2001）③；指农村人口不断向城镇发生转移，以工业和服务业为主的第二产业和第三产业不断向城镇集聚，造成城镇数量增加、规模扩大的历史过程（姜爱林，2002）④。

一般来说，城镇化（城市化）是人类由农村人口向城市不断集聚，由传统农业社会向现代非农业社会持续转变的过程，它是世界各国工业化进程中必然经历的阶段，是衡量现代化进程的重要标志。

传统城镇化本质上是物化的和半城镇化的，加上全球化越演越烈和我国经济社会转型的不断深入，迫切需要从制度上进行顶层设计和变革，更好地开展新型城镇化建设。2012 年 9 月 25 日，李克强总理在“全国资源型城市与独立工矿区可持续发展及棚户区改造工作座谈会”上，提出要“加快资源型城市转型发展、走新型城镇化道路”，由此，新型城镇化正式上升为国家发展战略，成为 1949 年新中国成立至今继建立社会主义基本制度和实行改革开放国策后我国第三次社会变革的标志（宋健坤，2012）⑤。

关于新型城镇化，虽然目前国内并没有一个比较明确的界定，但是对于其基本内涵，学术界及政府的观点还是比较一致的。有学者认为，新型城镇化的概念是与传统城镇化相对而言的，主要是指坚持贯彻科学发展观，以新型产业化和信息化的发展为推动力，以政治、经济、社会、人口、资源与环境相协调的统筹城乡一体化发展为目标的城镇化发展道路（吴江等，2009）⑥。还有学者认为，新型城镇化是经济、政治、社会、文化“四位一体”的城镇化，集约、统筹、和谐发展的城镇化，坚持以人为本的城镇化（王永昌，2007）⑦。也有另一种观点指出：新型城镇化是人口从乡村向城镇转移，致使城镇结构发生变化。如程必定（2007）指出，新型城镇化的道路应该是在持续推动大量人口转移型城镇化的同时，努力实现结构转换型城镇化⑧。新型城镇化应该包括三个方面的内容：

---

① 蒙世军．城镇化与民族经济繁荣［M］．北京：中央民族大学出版社，1998.

② 顾朝林．论城市管治研究［J］．城市规划，2000，24（9）：7－10.

③ 曾培炎．贯彻落实“三个代表”重要思想，深入研究事关经济发展全局的重大问题［J］．宏观经济管理，2001（9）：4－10.

④ 姜爱林．中国城镇化理论研究回顾与述评［J］．城市规划汇刊，2002（3）：44－49.

⑤ 宋健坤．中国的第三次社会变革［EB/OL］．［2012－12－27］．http://opinion.huanqiu.com/opinion_china/2012－12/3424306.html.

⑥ 吴江，王斌，申丽娟．中国新型城镇化进程中的地方政府行为研究［J］．中国行政管理，2009（3）：88－91.

⑦ 王永昌．坚持走新型城市化道路合理提升城市综合竞争力［J］．中国发展，2007（1）：99.

⑧ 程必定．新型城市化与城市群——中部崛起之路［J］．城市，2007（10）：4.

第一是农村人口逐渐减少，相应地，城镇数量和城镇人口增加，城镇人口占全国总人口比重不断上升，农村人口占比相应下降；第二是城镇形态与布局，由原本各自独立、联系疏松的城镇形态转变为联系紧密、互相配合的城镇系统；第三是农村居民生活市民化，城镇精神文明和物质文明不断扩散（虞锡君，2005）①。

新型城镇化与传统城镇化二者之间既有明显的区别，又存在紧密的联系：二者在时代背景、推动主体、发展动力、发展模式等方面都不相同，新型城镇化是对传统城镇化的摒弃。自党的十六大报告以来，城镇化与农村经济大发展大繁荣全面紧密地联系在一起。完整意义的城镇化应该包含两个维度，一个维度是农村人口转移变成城镇人口，另一个维度是通过转变成为城镇人口的人的生存条件、生活方式以及生活质量的城镇化，前一个维度是城镇化的外在形式，后一个维度才是城镇化的内涵，也是新型城镇化的核心②。在人口流动城镇化以后，做好转变城镇人口的市民化工作，努力帮助其扭转和适应新的生活方式，实现其生活方式的城镇化。

简而言之，新型城镇化是"核心是'人'的城镇化，关键是提高'人'的生活质量，要走集约、节能、生态的新路子，防止违反规律人为'造城'，以免出现'有城无市'和唱'空城计'"（李克强，2013）③。新型城镇化的"新"是指理念要更新、文化要复新、技术要创新和体制要革新，是新型工业化、地区城镇化、农业现代化和社会信息化同步的生态发育过程；新型城镇化的"型"是指转型，包括城市交通、建设用地、产业经济等方面的转型，是从技术到体制再到概念更新的产业全方位的转型（王如松，2013）④。

人本观念一直深深扎根于中华民族的历史和文化土壤中，"以人为本"的思想并不是舶来品，而是中华民族历史最初"民本"思想的现代化升华和体现。因此，本书在总结借鉴国内外相关研究成果的基础上，认为所谓新型城镇化是指在经济发展到一定程度，物质生活水平达到一定程度后对人文和精神层面的追求，在经济发展不放松的同时，更加关注质量和公平的以人为本的城镇化，其核心就是人的城镇化和市民化。

---

① 虞锡君．正确处理城乡一体化进程中的五个基本关系——以浙江嘉兴为例［J］．嘉兴学院学报，2005，17（1）：26－27.

② 许经勇．新型城乡关系的基础：新农村与城市化融为一体［J］．陕西师范大学学报（社会科学版），2006，33（5）：1－3.

③ 李克强．新型城镇化的核心是人，必须保护农民利益［EB/OL］．［2013－03－17］. http://news. xinhuanet. com/2013lh/2013－03/17/c_115053973. htm.

④ 王如松．生态文明与"五位一体"［J］．经济研究参考，2013（1）：75－76.

1.3.2 社会管理

社会管理自古便一直存在于人类社会当中，并且随着社会的发展而不断演变，是一个动态变化发展的过程。

“社会管理”一词颇具我国特色，在西方语境下还不能找到一个专业术语与它完全吻合。而传统的众多直观翻译意义差别较大，如“Social Governance”强调社会多元主体共同进行社会管理，而且各主体的地位是平等的。相比之下，英文 Social Management 与本书研究的概念最为接近，即强调社会管理不仅限于政府的社会管理职能，公共部门、私营部门，乃至第三部门都可以参与有效的社会管理，但政府起着主导作用。A·M·奥马洛夫（1987）认为社会管理是人们有意识去影响和干预整个社会以及社会的个别领域，目的是通过这种有意识的管理和干预活动促使整个社会或其个别领域能够发挥应有的功能，并使这种功能的发挥进一步发展和不断完善，保证整个社会的良性运行①。

“社会管理”一词首次出现在 1998 年中央文献的《国务院机构改革方案》中，其明确提出政府的基本职能是宏观调控、社会管理和公共服务。进入 21 世纪，随着改革的深入和社会结构的深刻变革，社会管理问题日益引起越来越多人的重视，成为学术界研究的热点。随着研究的不断深入，“社会管理”的基本概念也日趋成熟，但目前国内不同研究背景的学者对“社会管理”的内涵界定并不一致。

在社会管理范畴的基础上，“社会管理”概念的界定可以分为广义的社会管理和狭义的社会管理。早在 1991 年，学者童星就提出“社会管理”一词分别有广义和狭义两种概念：对整个社会系统的管理即广义的社会管理，分为政治（行政）管理、经济管理、思想管理和对社会发展的管理（即狭义的社会管理）四个基本部分②。刘继同（2002）将社会管理理解为广义概念，泛指国家与社会有目的、有组织地管理社会经济活动的所有努力③。李程伟（2005）认为，广义的社会管理主要指政府及社会组织对包括政治的、经济的、文化的和社会的各类社会事务进行的干预和管理活动，与公共管理是同等范畴的概念④。郑杭生（2006）认为广义的社会管理指宏观意义上的整体社会的管理，即包括政治子系统、经济子系统、社会生活子系统和思想文化子系统四个子系统在内的大系统的

---

① ［苏］A·M·奥马洛夫，社会管理——某些理论与实践问题［M］. 王思斌，等，译，杭州：浙江人民出版社，1987：8.

② 童星. 社会管理学概论［M］. 南京：南京大学出版社，1991：56－58.

③ 刘继同. 由静态管理到动态管理——中国社会管理模式的战略转变［J］. 管理世界，2002（10）：26－36.

④ 李程伟. 社会管理体制创新：公共管理学视角的解读［J］. 中国行政管理，2005（5）：39－41.

社会管理[①]。这里的社会是包括政治、经济、社会生活和思想文化各子系统在内的广义社会，其概念内涵是与自然相对的，而与民族国家范围一致。狭义的社会管理，则单指与政治、经济等子系统并列的社会子系统的管理。

从中央有关文献来看，当前所指的社会管理是指狭义上的社会管理。围绕狭义社会管理的概念，很多国内学者对其进行了内涵界定，主要有以下三种观点：

（1）基于政府视角的界定。如和经纬（2005）认为当代我国政府的社会管理的定义：政府通过制定和出台规范的、系统的社会政策和法规，规范和管理社会组织，致力于发展现代社会结构，协调社会利益关系，回应社会各层的利益诉求，化解社会矛盾，维护社会秩序和社会稳定，孕育宽容、理性、和谐、文明的社会氛围，从而达到建设政治、经济、社会和自然和谐发展的社会环境的目的[②]。李德国等学者（2005）认为社会管理就是国家通过自己的权力机关或授权部门，依据一定的规则，对社会生活的方方面面所进行的规划、指导、组织和控制行为[③]。

（2）基于公共管理视角的界定。如李程伟（2005）认为当前社会管理研究和实践都偏重于狭义的社会管理，即对排除政治活动事务和经济发展事务后剩余的社会事务的干预与管理，而这个领域一般指社会政策所涉及的范围。同时他还指出，组织机构体系、制度体系和运行机制等三个子系统相互协调与作用，构成了社会管理体制这个有机统一体[④]。

（3）基于社会学视角的界定。在已有研究中，大部分学者都从社会学的视角对“社会管理”进行了概念界定。随着服务行政到服务型政府，服务型政府到合作治理的社会治理模式的发展（张康之，2008）[⑤]，政府社会管理实现了从“行政—控制型”向“规则—服务型”的转变，于是在政府主导下的多元社会治理主体成为研究重点。社会管理被认为是政府与社会组织通过对社会各子系统、社会生活的各领域以及社会发展所涉及的多个环节进行计划、组织、协调、控制、服务和监督的管理，来实现整体社会系统的良性运转的目的的过程（李学举，2005[⑥]；陆学艺，2008[⑦]）。李培林（2011）指出，现代社会管理是建立在基层自治的基础上，以政府管理和干预为主导、以社会组织为媒介、促进社会民众

---

① 郑杭生．社会学视野中的社会建设与社会管理［J］．中国人民大学学报，2006（2）：1－10.

② 和经纬．和谐社会视野下的政府社会管理［J］．武汉理工大学学报（社会科学版），2005（5）：762－766.

③ 李德国，蔡晶晶．理解政府的社会管理职能［J］．领导文萃，2005（5）：16－20.

④ 李程伟．社会管理体制创新：公共管理学视角的解读［J］．中国行政管理，2005（5）：39－41.

⑤ 张康之．论参与治理、社会自治与合作治理［J］．行政论坛，2008（6）：1－6.

⑥ 李学举．加强社会建设与管理，促进社会和谐与发展［J］．求是，2005（7）：16－19.

⑦ 陆学艺．关于社会建设的理论与实践［J］．国家行政学院学报，2008（2）：13－19.

广泛参与的互动过程①。马凯（2010）认为社会管理是指以秩序维护为核心，通过政府主导、社会组织和公民多方参与，规范社会行为、协调社会关系、促进社会认同、维护社会公正、化解社会矛盾、解决社会问题、维护社会治安、应对社会风险，以建设和谐的社会环境为目的，促进社会秩序和社会文明的全面发展的活动②。

在以上概念界定中，社会组织或团体开始被纳入社会管理的主体范畴，“社会管理”的内涵拓展到——“社会（主要指社会组织和公民）在一定的道德价值观和制度章程约束的基础上，规范和限制自身的活动，实现社会的自我管理”（李屏南、叶宏，2007）③。与将社会管理看作是政府单方面对社会进行管理和控制的观点不同，有学者提出社会管理至少应包括社会的自我管理和政府对社会进行的管理两个方面（周红云，2011）④。从国家治理的维度来看，政府行为进行的社会管理和公民的社会自治都属于社会管理的范畴，两者是社会管理内部相辅相成的两个方面，这种善治是政府与公民共同对社会生活和社会事务的管理，是社会管理的最佳状态（俞可平，2001）⑤。

纵观国内学者对社会管理内涵的界定，通常所指的社会管理与西方发达国家中的社会管理基本一致，主要意指社会领域事务（社会服务等）的管理，是“狭义”的社会管理。对于社会管理的客体，各学者研究的结论基本一致：社会管理中的“社会”是指与国家相对应的市民社会，是一种专属意义上的社会，是小社会，是与政治、经济、文化、生态等并列的社会。而对于社会管理的主体，则是指多元主体的“党委领导、政府负责、社会协同、公众参与、法治保障”的社会管理格局。

本书基于人类社会发展的特点，尤其是当前我国社会发展面临的现实问题，在相关学者已有研究的基础上，认为所谓社会管理是建立在完善的组织结构、共同的价值取向、一定的制度条件基础上，政府、市场、社会和公众共同规范社会行为、分配社会资源、协调各利益群体的关系、缓解社会矛盾、解决社会问题、防范社会风险、推动经济社会发展的活动。社会管理的发展和转型升级应当以消除制约社会全面和谐发展的障碍为目标，努力建设民生改善、秩序维护、公民参与具有社会质量的社会管理新格局。

---

① 李培林．社会建设与我国新发展阶段的战略选择［J］．中共中央党校学报，2011（6）：5－9.

② 马凯．努力加强和创新社会管理［J］．国家行政学院学报，2010（10）：4－11.

③ 李屏南，叶宏．构建促进社会和谐的社会管理［J］．湖南师范大学社会科学学报，2007（2）：52－57.

④ 周红云．社会管理体制改革当秉持何种理念［J］．理论参考，2011（3）：18－20.

⑤ 俞可平．治理与善治：一种新的政治分析框架［J］．南京社会科学，2001（5）：40－44.

1.4 文献综述

1.4.1 国内文献综述

1. 我国传统城镇化有关研究综述

目前，我国正经历着世界上规模最大的城镇化。2011 年，我国城镇化水平已经达到 51.27%，城镇人口数量首次超过农村人口，达到了 6.9 亿人。另据《中国经济周刊》与中国社科院城环联合发布的《中国城镇化质量报告》的数据显示，截至 2012 年年底，我国城镇人口达到 7.12 亿，人口城镇化率提高到 52.57%，达到世界平均水平。可见，我国的城镇化进程发展迅猛，已经取得了显著成效。反观学术界，在 2003 年尤其是 2000 年之前，城镇化问题并未成为学术界的关注对象；2003 年尤其是 2010 年以后，国内学术界关于我国传统城镇化问题的研究成果也逐渐增多，主要从我国传统城镇化的发展阶段、发展动力、主要特征、负面效应、水平测度指标、重点问题六个方面进行了详细论述。具体论述如下：

（1）关于我国传统城镇化的发展阶段的研究。我国的城镇化是伴随工业化而不断发展的，国内学者对我国传统城镇化进行了较为系统的考察。如辜胜阻（1991）根据城镇化与工业化的关系，将我国城镇划分为工业化起步时期的城镇化阶段（1949—1957 年）、“爆发性”的工业化所引起的高速城镇化阶段（1958—1960 年）、工业调整时期的第一次逆城镇化阶段（1961—1965 年）、工业化停滞时期的第二次逆城镇化阶段（1966—1976 年以后）和改革开放带来的高速城镇化阶段（1978 年至今）五个发展阶段，并详细分析了其不同的特点[①]，并分析了我国区域城镇化的三个发展阶段：内地发展为主时期（1949—1965 年）、“三线”发展为主时期（1966—1975 年）和沿海发展为主时期（1976 至今）（辜胜阻，1993）[②]。国家统计局课题组（2002）将新中国成立后我国的城镇化发展过程分为起步阶段（1949—1957 年）、停滞阶段（1958—1978 年）和稳定发展阶段（1979 年）三个阶段[③]。姜爱林（2002）以改革为主线、以经济结构调整为补充，将我国改革开放后城镇化发展分为农村经济体制改革推动阶段（1978—1983 年）、城市经济体制改革推动阶段（1984—1992 年）、社会主义市

① 辜胜阻. 中国城镇化的发展特点及其战略思路［J］. 经济地理，1991（3）：22－27.

② 辜胜阻，朱农. 中国城镇化的区域差异及其区域发展模式［J］. 中国人口科学，1993（1）：7－16.

③ 国家统计局课题组. 我国城镇化战略研究［J］. 经济研究参考，2002（35）：14－25.

场经济转型推动阶段（1992—1998 年）和经济结构调整推动阶段（1998—2001 年）四个发展阶段[①]。马晓河等（2010）根据制度变迁的过程，将改革开放后我国城镇化的过程分为恢复发展阶段（1978—1984 年）、平稳发展阶段（1984—1992 年）、加速发展阶段（1992—2003 年）和城乡统筹发展阶段（2003 年至今）四个时期[②]。樊杰等（2013）分别以城市空间和地区作为划分依据，将我国城镇化模式的发展历程划分为“城镇发展模式、大城市发展模式、中小城市发展模式”以及“计划经济体制下以国有企业为主导的城镇化模式、商品经济短缺时期以乡镇集体经济为主导的‘苏南模式’、以分散家庭工业为主导的‘温州模式’、以外资及混合型经济为主导的‘珠江三角洲模式’”[③]。

（2）关于我国传统城镇化发展的动力研究。辜胜阻是国内较早从事我国城镇化问题系统研究的学者，他力推我国的城镇化概念，并取得一批富有见解的研究成果，他认为我国的城镇化，具有由计划经济向市场经济转型和农业经济向工业经济转型的“双重”背景；具体体现为由政府和市场作为推动主体，推动城镇化的发展，出现农村人口向城市转移（异地转移）和农村城镇化发展（就地转移）两种发展方式；从制度变迁的层面来看，我国城镇化具有自上而下和自下而上两种发展模式，这需要明确政府和市场在城镇化发展和建设中各自的职责与分工，建设多元化的社会资源支持渠道，并注重解决农民进城后的市民化问题（辜胜阻等，2009）[④]。王一鸣（2010）认为我国城镇化是政府推动和工业化、市场化、全球化等各种力量共同推动的结果，其中工业化是基础动力，而政府推动发挥了十分重要的作用[⑤]。

（3）关于我国传统城镇化的主要特征的研究。目前我国城镇化存在政府发动、城市和农村城镇化并举、对非农劳动力吸纳能力低、城市构成不协调、农村劳动力职业转换先于地域转换等显著特点（辜胜阻，1991）[⑥]。姜爱林（2002）从发展进程（分为 1949—1957 年的稳步上升状态，1958—1977 年的曲折缓慢发展状态和 1978—2001 年的加速发展状态等三个阶段）、发展速度（包括发展速度快、滞后于工业化、小城镇快于大城市、人口增长迅速等）、发展水平（水平低且呈阶梯分布、低于工业化水平、滞后于经济发展水平）、发展动力（政府、自上而下与自下而上的混合发展）、发展规律（与政治经济发展密切相关、超过农

---

① 姜爱林. 中国城镇化理论研究回顾与述评［J］. 城市规划汇刊，2002（3）：44－49.

② 马晓河，胡拥军. 中国城镇化进程、面临问题及其总体布局［J］. 改革，2010（10）：30－45.

③ 樊杰，刘毅，陈田，等. 优化我国城镇化空间布局战略重点与创新思路［J］. 中国科学院院刊，2013（1）：20－27.

④ 辜胜阻，易善策，李华. 中国特色城镇化道路研究［J］. 中国人口、资源与环境，2009，19（1）：47－52.

⑤ 王一鸣. 中国城镇化进程、挑战与转型［J］. 中国金融，2010（4）：32－34.

⑥ 辜胜阻. 中国城镇化的发展特点及其战略思路［J］. 经济地理，1991（3）：22－27.

村、人口绝对规模下降、大小城市规模增长加快、小城镇用地规模高于大城市）、发展道路（自上而下的政府主导发动型城镇化与自下而上的农村自发推动型并存，最后发展到多元推动型城镇化）和发展趋势（包括水平提高、动力多元化、郊区化趋势、大都市发展、北上广等国际性城市形成）七个方面阐述了我国城镇化的主要特征①。刘新卫（2007）认为我国城镇化进程不断加速，区域间城镇化发展非均衡特征日益凸显，大城市人口过度集中，以至于人口饱和，城市无序发展，而中小城镇则因资源短缺而发展滞后，因此城镇化的统筹区域均衡发展亟须政府相关政策的支持和引导②。

（4）关于我国传统城镇化的负面效应的研究。我国传统城镇化产生了许多负面效应，国内学者对此也进行了比较深入的研究。如国家统计局课题组（2002）分析了我国城镇化相对滞后于工业化所导致的城乡失衡、产业失衡、地区失衡、市场失衡、经济和社会发展失衡等问题③。仇保兴是国内较早从事城镇化研究的学者之一，他较早阐述了传统城镇化所带来的问题，主要包括人口过度膨胀导致的过度城镇化；城市空间过度外延导致的城市病；城镇间缺乏协调，互相恶性竞争；城镇功能衰退；城镇环境日益恶化；中小城镇增长乏力，缺乏核心竞争力；城镇风貌千城一面，毫无特色；城镇居民收入两极分化严重，就业率下降，犯罪率上升；基础设施建设短缺，形象工程过多；城乡接合部混乱不堪；等等（仇保兴，2003）④。

（5）关于我国传统城镇化水平测度指标的研究。由于我国特殊的二元户籍制度，国内学者对我国城镇化水平一直存在分歧，并形成不同的城镇化水平测度方法的观点。如辜胜阻（1993）根据总面积、总人口、国民生产总值、工业生产值、农业总产值与粮食产量、第三产业产值六个指标分别将全国城镇化发展划分为不同的区域⑤。姜爱林（2002）分别从发展模式和发展程度的角度判断目前我国是一个低度的、水平滞后的城镇化国家，制约着经济的发展，从方法上讨论了城镇化水平的测度问题，介绍了城镇人口占总人口比重的人口比重法；城镇土地占全国土地比例的城镇土地利用比重指标法；通过各类人口占比和工业化与城镇化比例进行调整系数后的复合型的调整系数法；通过人口、经济发展、社会与环境三个维度建立农村城镇化指标体系，计算城镇化率的农村城镇化指标体系法；通过七个维度构建的现代城市化指标评价体系测量城镇化水平的方法五种城

① 姜爱林．中国城镇化理论研究回顾与述评［J］．城市规划汇刊，2002（3）：44－49.

② 刘新卫．中国城镇化发展现状及特点［J］．国土资源情报，2007（7）：40－46.

③ 国家统计局课题组．我国城镇化战略研究［J］．经济研究参考，2002（35）：14－25.

④ 仇保兴．我国城镇化高速发展期面临的若干挑战［J］．城市发展研究，2003（6）：1－15.

⑤ 辜胜阻，朱农．中国城镇化的区域差异及其区域发展模式［J］．中国人口科学，1993（1）：7－16.

镇化水平测算法①。马怀礼（2012）认为“人口指标法”无法恰当地评价我国城镇化的发展质量，提出构建以城镇人口比重、工业化率、农民工返乡率、城市居民和农民工收入水平差异比率、城乡公共品供给差异比率等为指标的“人本城镇化率”的指标体系②。

（6）关于我国传统城镇化发展的重点问题的研究。其包括人口逆淘汰与城镇化的关系、农村城镇化问题（辜胜阻、郑凌云，2002）③、农民工流动背景下的工业化与城镇化协调发展问题、城市群的城镇化体系和工业化进程的比较研究（辜胜阻、易善策、郑凌云，2006）④。姜爱林（2002）对城镇化问题进行了较为系统的论述，从理论上探讨了城镇化、工业化和信息化之间的互动关系⑤。仇保兴（2002、2003）在探讨我国城镇化的特点、功能及存在问题的基础上，较早论述了城市规划和调控问题⑥，提出要通过统筹城乡一体化发展、区域间均衡发展、经济与社会协调发展、人与自然和谐发展、国内发展与对外开放兼顾五个方面，来提高我国城镇体系规划编制的科学性（仇保兴，2004）⑦，并较早关注了城市文化复兴问题（仇保兴，2007）⑧。

2. 我国传统城镇化引发的社会管理问题相关研究综述

我国传统城镇化是一种典型的“自上而下”的城镇化，出现了一个既非农民、又非市民的“两栖化”游离阶层（辜胜阻、李正友，1998）⑨。在传统城镇化的进程中，政府社会管理工作的重心往往放在经济发展方面，忽视了社会发展和公共服务的职能，造成一些潜在的社会问题暴露和爆发（吴江等，2009）⑩。关于我国传统城镇化引发的社会管理问题，目前国内学者大多聚焦于二元户籍、征地拆迁、“大城市病”、基本公共服务均等化四个方面的问题。具体论述如下：

（1）关于二元户籍问题的研究。我国城镇化进程中的问题主要根源在于，我国基于自身国情的考虑，实行了世界上其他国家很少有的限制人口自由迁徙的政策，而通过户籍决定社会个体享有的公共福利制度和公共服务分配关系，这些

---

① 姜爱林．中国城镇化理论研究回顾与述评［J］．城市规划汇刊，2002（3）：44－49.

② 马怀礼．安徽省城镇化发展战略研究［M］．合肥：安徽人民出版社，2012：107－135.

③ 辜胜阻，郑凌云．人口逆淘汰与城镇化制度安排［J］．中国人口科学，2002（5）：18－25.

④ 辜胜阻，易善策，郑凌云．基于农民工特征的工业化与城镇化协调发展研究［J］．人口研究，2006（5）：1－8.

⑤ 姜爱林．中国城镇化理论研究回顾与述评［J］．城市规划汇刊，2002（3）：44－49.

⑥ 仇保兴．我国的城镇化与规划调控［J］．城市规划，2002（9）：10－20；我国城镇化的特征、动力与规划调控［J］．城市发展研究，2003（2）：3－10.

⑦ 仇保兴．论五个统筹与城镇体系规划［J］．城市规划，2004（1）：8－16.

⑧ 仇保兴．城市文化复兴与规划变革［J］．城市规划，2007（8）：9－13.

⑨ 辜胜阻，李正友．中国自上而下城镇化的制度分析［J］．中国社会科学，1998（2）：60－70.

⑩ 吴江，王斌，申丽娟．中国新型城镇化进程中的地方政府行为研究［J］．中国行政管理，2009（3）：88－91.

都因户籍制度而在空间上被分割和固化了（李铁，2012）①。因此，在影响我国城镇化的制度因素中，核心是城乡二元户籍制度和社会福利制度（马晓河等，2010）②。中国特色的二元户籍制度不仅导致了“半城镇化”问题和人口流动的无序性问题，还“把城乡人口划分为彼此分割的、不平等的两大社会集团，强化了二元社会结构，阻碍了农村社会经济发展”（辜胜阻等，1998）③，需要完成地域、职业和身份的“三维转换”（辜胜阻等，2009）④。姜爱林（2002）认为，我国现今城市人口老龄化现象和问题严重，与我国实行严格的户籍制度，限制农村人口向城镇转移有直接的因果关系⑤。王伟等（2007）认为二元户籍制度会造成“社会排斥”问题，而且将直接导致城乡社会之间无论在经济效率方面还是社会公平方面都将出现严重分歧，使城乡呈现“二元分割状态”⑥。黄仁宗（2002）认为，城镇化应当体现我国户籍制度改革的发展方向和价值趋向，他通过对市场经济、公民权利、城镇化本身以及改革的内生性四个层面的分析，提出户籍制度改革的发展方向和价值趋向应为迁徙自由⑦。朱宝树（2004）通过对江苏和浙江部分城镇的实证研究，指出小城镇户籍的吸引力相对于城市来说已经弱化，客观上明显滞后于农村人口城镇化的发展进程⑧。

（2）关于征地拆迁问题的研究。改革开放三十多年来，我国土地城镇化增长速度明显快于人口城镇化增长速度（李铁，2010）⑨，主要原因是：一方面，市场机制作用不完全、行政主导性过强，于是城镇土地利用效率较低、资源浪费严重；另一方面，土地产权制度不合理，不可避免地造成了暴力征地拆迁的问题，“农民很难在城乡分割二元的土地制度获得全额土地要素出售的资本回报，进而影响了农民进程的市民化过程”（马晓河等，2010）⑩，于是引起了社会矛盾的多发和社会不稳定因素的增加。温铁军（1998）较早地深入分析了我国小城镇建设中的主要矛盾——地方政府原始积累与征占农民土地问题⑪。仇保兴（2002）提出我国传统城镇化是一场“寅吃卯粮的圈地运动”⑫。陆大道等（2007）分析了城乡二元土地管理制度造成大量圈地，违反“以人为本”的根本理念，缺乏

① 李铁．关注农民工生存现状，加快农民工市民化进程研究［J］．兰州学刊．2012（9）：219－221.

② 马晓河，胡拥军．中国城镇化进程、面临问题及其总体布局［J］．改革，2010（10）：30－45.

③ 辜胜阻，李正友．中国自上而下城镇化的制度分析［J］．中国社会科学，1998（2）：60－70.

④ 辜胜阻，易善策，李华．中国特色城镇化道路研究［J］．中国人口、资源与环境，2009，19（1）：47－52.

⑤ 姜爱林．中国城镇化理论研究回顾与述评［J］．城市规划汇刊，2002（3）：44－49.

⑥ 王伟．基于制度分析的我国人口城镇化演变与城乡关系转型［J］．城市规划学刊，2007（4）：39－46.

⑦ 黄仁宗．城镇化抑或迁徙自由——反思我国户籍制度改革的价值取向［J］．求实，2002（5）：38－41.

⑧ 朱宝树．小城镇户籍制度改革和农村人口城镇化新问题研究［J］．华东师范大学学报（哲学社会科学版），2004（5）：56－65.

⑨ 李铁．稳步推进城镇化合理配置土地资源［J］．中国土地，2010（6）：11－12.

⑩ 马晓河，胡拥军．中国城镇化进程、面临问题及其总体布局［J］．改革，2010（10）：30－45.

⑪ 温铁军．农村城镇化过程中的陷阱［J］．战略与管理，1998（6）：43－55.

⑫ 仇保兴．我国的城镇化与规划调控［J］．城市规划，2002（9）：10－20.

空间正义原则，造成农民“失地、失居、失保、失学、失岗、失身份”①。蔡继明（2012）分析了我国城市化过程中征地的二律背反问题，提出应从完善土地所有制结构入手，来解决这一问题②。陶然等（2008）分析了“空间城镇化”与“人口城镇化”不匹配带来的社会问题，认为土地制度、财税制度和户籍制度的联动改革是解决这一问题的有效政策组合③。

（3）关于“大城市病”问题的研究。世界其他国家的发展经验表明，一国或地区的个别中心城市由于城市规划和管理相对滞后于城市化的发展速度，必然导致“大城市病”问题，包括住房紧张、交通拥挤、污染严重、抗灾能力弱等（国家统计局课题组，2002）④。传统城镇化背景下城市摊大饼式发展孕育了严重的城市病问题，较为典型的就是深圳的“夹心饼干”效应（仇保兴，2003）⑤。此外，当前我国城镇化在高速发展过程中涌现出一大批超级城市和特大城市，而中小城市发展却明显不足，中国的城镇化要做到防止产生“有城市无产业”“有速度无质量”“大城市病”“半城镇化”和“房地产化”等现象，坚持“集约、智能、绿色、低碳”方针，不仅重视“量”的扩大，还要重视“质”的提高，要由重数量的外延式扩张到重品质的内涵式发展，建设“幸福城市”“智慧城市”“和谐城市”（辜胜阻，2013）⑥。

（4）关于基本公共服务均等化问题的研究。由于我国城镇化过程中的价值导向错位，于是地区之间、城乡之间以及城市内部不同身份的居民之间的基本公共服务非均等化问题比较突出，弱势群体无法享有城镇化发展成果的均等机会，这不可避免地会导致人为因素上的阶层固化问题。在城镇化进程中，城乡二元结构的体制因素导致出现了农民工这样一群我国城镇化特有的人群，他们在身份认同、工作、子女教育和社会福利等方面都与城市居民有着巨大的差距，成为我国城镇化进程中亟待解决的问题（马晓河等，2010）⑦。杜鹰（2001）具体讨论了进城农民工城乡两栖、流动就业的性质以及城市“进不来”和农村“出不去”问题，提出要推进户籍制度、就业体制和福利体制“三位一体”的改革⑧。辜胜阻等（2007）认为我国城镇化过程中进城农民工存在“城市大量积聚外来人口却不能提供市民同等的公共服务，企业招聘缺乏对外来职工的保障，农民工所从

---

① 陆大道，宋林飞，任平．中国城镇化发展模式：如何走向科学发展之路［J］．苏州大学学报（社会科学版），2007（2）：1－7.

② 蔡继明．论中国的城市化［J］．江苏行政学院学报，2012（5）：49－54.

③ 陶然，曹广忠．空间城镇化、人口城镇化的不匹配与政策组合应对［J］．改革，2008（10）：83－88.

④ 国家统计局课题组．我国城镇化战略研究［J］．经济研究参考，2002（35）：14－25.

⑤ 仇保兴．我国城镇化的特征、动力与规划调控［J］．城市发展研究，2003（2）：3－10.

⑥ 辜胜阻．城镇化是最大的发展红利与增长引擎［EB/OL］．［2013－03－20］．http://gx.people.com.cn/cpc/n/2013/0220/c222858－18188413.html.

⑦ 马晓河，胡拥军．中国城镇化进程、面临问题及其总体布局［J］．改革，2010（10）：30－45.

⑧ 杜鹰．我国的城镇化战略及相关政策研究［J］．中国农村经济，2001（9）：4－9.

事的劳动层级较低且存在付出与经济回报严重失衡”等问题，必须“为进城农民工提供必要的公共服务，建立适合农民工特点的社会保障制度，帮助城市流动人口融入城市，走出隔绝现状”①。倪鹏飞（2013）认为，新型城镇化的主要目标是城乡一体，主要内容是农民市民化，要克服“城乡病”，推进“迁转并进”，让所有城镇化人口获得“居有其所”“学有所教”“老有所养”“劳有所得”“娱有所乐”“病有所医”的均等公共服务，推进“以人为本”的城镇化②。

3. 我国社会管理内生性问题相关研究综述

关于社会管理问题，通过CNKI（中国知网）和万方这两个主要学术期刊网络的搜索，可以发现，国内学者的研究大致以2010年为界分为两个主要阶段：2010年之前的学者数量和研究成果都较少，但呈现出逐年递增趋势；2010年国内发表的社会管理相关研究成果数量较往年激增一倍以上。之所以出现这种情况，是因为随着近年来群体性事件等社会不稳定因素的不断增加，国家和政府在反思过去片面追求GDP基础上，更加重视社会矛盾化解和社会管理问题，在我国十七大和十八大的报告中均着重提到了构建和完善社会管理体制的问题，解决社会管理问题已经成为政府的重要职能。因此，包括国家社科基金、国家自然科学基金在内的各主要学术基金项目的资助重点开始向社会管理方面倾斜。虽然起步较晚，国内社会管理相关研究还是取得了一定研究成果，主要是从我国传统社会管理的主要特征、负面效应、基层社会管理问题及对策和建议等四个方面进行了详细论述。具体分析如下：

（1）关于我国传统社会管理的主要特征的研究。我国传统社会管理脱胎于“人治”色彩浓厚的历史传统和计划经济体制，其典型特征就是以管控为手段的城乡二元社会管理模式。龚维斌将改革开放三十年来，我国社会管理的演进历程划分为从“单位管理”走向“社区管理”、从“行政管理”走向“社会管理”、从“社会管理”走向“社会建设”三个阶段（龚维斌，2009）③。

（2）关于我国传统社会管理的负面效应的研究。龚维斌（2009）提出当前我国社会管理体制还存在“社会管理理念不够准确”“社会管理主体不够多元化”“社会管理方式不够灵活”“社会管理法规不健全”“社会管理载体不够明确”“社会管理人才缺乏”等诸多问题④。李军鹏（2005）系统阐述了我国社会管理存在的主要问题，包括我国社会建设与发展程度滞后于经济增长、社会发展程度与政府社会管理的公共服务水平滞后于经济市场化的进程、出现了某些“拉美化”的现象、政府社会管理方式不能适应社会组织形态变迁的要求、社会结构

---

① 辜胜阻，郑凌云，易善策．新时期城镇化进程中的农民工问题与对策［J］．中国人口、资源与环境，2007（1）：1－5.

② 倪鹏飞．新型城镇化的基本模式、具体路径与推进对策［J］．江海学刊，2013（1）：87－94.

③ 龚维斌．从单位管理走向社会建设［J］．国家行政学院学报，2009（4）：52－56.

④ 同上。

的重大变化、建立政府与其他公共管理主体共同管理社会事务的“多中心”治理结构、进入了社会风险加剧的时期等，并从权利社会、公民社会、合作社会的建立角度提出完善我国政府社会管理职能的基本思路①。陈振明等（2012）认为，我国政府社会管理主要存在的问题与缺陷，包括政府职能级界定不明晰，政府越位和缺位的情况严重；社会管理体制不良特征日益凸显，如“强政府，弱社会”“封闭性和保守型管理”“差异性待遇与区别性对待”等；社会管理运行机制不完善，如“主体的单一性”“部门分割多头管理”等；社会管理手段较为粗放、单一和落后；配套的制度建设相对滞后，如法制建设滞后、财政体制不合理、干部考核制度不科学等；现有的改革措施不到位，如新的社会管理部门设立问题、放权问题、统筹规划问题等②。

（3）关于我国基层社会管理问题的研究。我国自古就比较重视基层社会管理，但基层社会治理问题也一直是我国社会管理的难点和薄弱环节。丁元竹（2010）从理论性角度论述了社会管理问题，阐述了解释基层社会管理的基本理论，包括地方行政与社会治理、地方治理的公共服务基础等③，还详细阐述了基层社会问题和基层社会管理问题，指出目前我国基层问题的实质是基层问题并未引起政府足够的重视，私人部门和公共部门之间的平衡尚未形成，社会生活的基层组织有待发展和进一步健全（丁元竹，2011）④。

（4）关于我国传统社会管理的完善对策和建议的研究。陈振明在国内较早从事社会管理问题研究，他从改革进展、成效、存在问题及对策方面对福建省社会管理问题进行了实证研究，虽有地域局限性，但其中所涉及的很多问题在全国范围内也较具普遍意义，包括社会管理格局多元化问题、社会管理体制问题、社会管理职能分工问题、社会管理运作机制问题等⑤。龚维斌（2012）从强化社会管理的公共服务职能、建设和完善基层组织、改进社会管理手段和工作方法、创新体制机制、整合社会管理基层资源、使用专门人才、推进基层民主、重视思想文化等论述了基层社会管理创新的做法，并总结了一些富有价值的基层社会管理创新的经验，包括统筹管理与服务、统筹民生与民主、统筹德治法治、统筹维权维稳、统筹政府与社会、统筹体制与方法、统筹社区与单位七个统筹⑥。童星（2009）从理论研究的视角分析了社会管理问题，从社会整体论、社会批判论、

---

① 李军鹏．论中国政府社会管理的成就、问题与对策［J］．湖北行政学院学报，2005（1）：82－87.

② 陈振明，李德国．社会管理创新研究需要关注的几个问题［J］．东南学术，2012（2）：35－40.

③ 丁元竹．建立和完善基层社会管理体制的几点思考［J］．国家行政学院学报，2010（5）：12－15.

④ 丁元竹．当前我国社会管理创新的主要领域和基本做法［J］．马克思主义与现实，2011（5）：156－161.

⑤ 陈振明，等．社会管理体制改革与社会管理能力的提升——基于福建省的案例研究［J］．2011（4）70－102.

⑥ 龚维斌．基层社会管理创新的探索与思考［J］．国家行政学院学报，2012（3）：35－40.

社会发展论三个维度进行了马克思的社会发展理论在我国的本土化研究，这对推动当前我国社会变革和转型具有重要的积极意义[①]。李军鹏（2004）以社会政策为标准将西方国家政府社会管理划分为三个历史阶段，并详细探讨了其经验特点：自由竞争市场经济时期的政府有限社会管理职能阶段，其基本特点和经验为以社会自我管理与社会自治为主、政府进行秩序管理、非政府组织履行济贫职能等；混合经济时期政府全面社会管理职能阶段或称福利国家社会政策阶段，其基本特点和经验为建立福利社会、进行社会自我管理、促进充分就业等；全球化市场经济时期政府社会政策改革阶段或称工作福利国家阶段，其基本特点和经验为以人力资本投资和充分就业政策为核心、进行社会协作治理、重视社会资本等[②]。

4. 新型城镇化对我国社会管理带来的挑战相关研究综述

新型城镇化是我国第三次社会变革的标志，是未来三十年甚至更长时间内引擎我国经济发展和推动社会变革的新载体，它是一个庞大的系统工程，涉及多方面的改革，亟须顶层设计和实践发展的有机结合，也给未来我国社会管理带来了很大的挑战。目前国内学者对此也展开了初步研究，较有价值的研究成果还不多。总体来说，关于新型城镇化给社会管理带来的挑战主要表现在两个方面：一是社会管理体制改革问题，二是社会管理机制整合问题。具体论述如下：

（1）关于新型城镇化过程中的我国社会管理体制改革问题的研究。新型城镇化是工业化、信息化和农业现代化，“三化”协同发展的重要支撑和载体，是以“以人为本”为发展目的、以社会公正的实现为价值导向、民生能够得到保障并不断改善、人民幸福指数不断提高、人民都能够安居乐业的城镇化（刘海平，2012）[③]。新型城镇化是一种人的城镇化（李克强，2013）[④]，是尊重人、依靠人、为了人和塑造人的人本城镇化（刘兴云，2013）[⑤]，它不仅要达到维持社会秩序的目的，更要注重民生改善和权利保障，实现基本公共服务均等化。这就需要改变传统的以“不出事”为逻辑、以社会管控为主要方式的碎片化社会管理。

2012 年党的十八大报告确定了“党委领导、政府负责、社会协同、公众参与、法治保障”的“五位一体”的社会管理体制，表明政府对社会管理发展有了新的认识，今后将更加重视法制建设。目前我国社会管理体制还属于典型的政府主导性过多的单中心社会治理结构。今后，随着新型城镇化的不断深入，随着

---

① 童星．论马克思的社会发展理论［J］．江苏大学学报（社会科学版），2009（6）：1 –7.

② 李军鹏．政府社会管理的国际经验研究［J］．中国行政管理，2004（12）：7 –11.

③ 刘海平．新型城镇化内涵探析［J］．决策探索，2012（7）：31 –32.

④ 李克强．新型城镇化的核心是人，必须保护农民利益［EB/OL］．［2013 –03 –17］. http://news.xinhuanet.com/2013lh/2013 –03/17/c_115053973.htm

⑤ 刘兴云．新型城镇化顶层设计的思路［N］．光明日报，2013 –02 –27（11）.

我国中产阶层的不断壮大和市民社会的逐渐兴起，将给这一单中心社会治理模式带来很大的挑战，需要转型升级为政府与社会共同主导的双中心社会治理结构（汪大海等，2011）①。

（2）关于新型城镇化过程中的中国社会管理机制整合问题的研究。2011 年我国的城镇化水平为 51.27%，城镇人口为 6.9 亿，与发达国家 75% 以上的城市镇水平相比还有很大差距，预计到 2030 年我国的城镇化率将超过 65%，城镇人口升至约 10 亿，这就意味着“在未来十多年，中国将有超过 3.3 亿的农民进入城镇，这一转移人口的总规模，超过了美国的总人口数量（韩晓晔，2013）②，如此大规模的人口流动将给我国社会管理机制带来极大挑战。这不仅需要打破当前二元户籍造成的“二元分割状态”，有效解决“社会排斥”问题（王伟等，2007）③，推进“以人为本”的城镇化，实现城乡一体化（倪鹏飞，2013）④，还需要将以“单一主体、被动管控、静态控制、刚性维稳和运动式管理”为主要特征的机械性、碎片化的传统社会管理转型升级为“多元主体、主动治理、动态管理、柔性服务和制度保障”为主要特征的有机性、整体性的新型社会管理与服务，以权利保障和秩序维护为主要内容，形成源头治理、动态管理、应急处置相结合的社会管理机制。

综上所述，通过对国内相关研究成果的系统分析，可以发现，目前学术界对我国传统城镇化和社会管理这两个问题的研究成果较多，但将两者结合进行系统性的、专门的、有价值的研究并不多，尤其是在传统城镇化背景下的社会管理演化规律、城镇化与社会管理之间的耦合关系、新型城镇化背景下社会管理转型升级等方面，还有很大的进一步研究的空间。

5. 国内研究述评

（1）国内相关研究的主要成果与贡献。虽然目前国内关于新型城镇化背景下社会管理体系转型升级问题的系统深入研究较少，但是近年来国内学者关于我国城镇化和社会管理问题的研究成果还是比较丰硕的，不仅极大地丰富了相关理论研究，也推动了我国城镇化和社会管理的实践发展。具体分析如下：

第一，丰富了我国城镇化的相关理论。

从实践来看，我国的城镇化进程起步较晚、水平较低，但发展速度很快，不过还未达到世界发达国家的平均水平，还有很大的发展潜力。从学术研究来看，国内学者关于我国城镇化的系统研究起步较晚，到 2003 年后，城镇化问题才成

---

① 汪大海，刘金发．转型期中国公共行政市场价值和公共价值的整合［J］．中国行政管理，2011（11）：10－14.

② 韩晓晔．城镇化不能脱离国情，需新方针指引新路径［EB/OL］．［2013－02－18］http://www.chinanews.com/gn/2013/02－18/4573520.shtml.

③ 王伟．基于制度分析的我国人口城镇化演变与城乡关系转型［J］．城市规划学刊，2007（4）：39－46.

④ 倪鹏飞．新型城镇化的基本模式、具体路径与推进对策［J］．江海学刊，2013（1）：87－94.

为我国学术界的重点关注对象，陆续涌现出一批较有价值的研究成果，主要表现在两个方面：

一方面是对我国传统城镇化问题进行了系统研究。其主要包括对我国传统城镇化进行了较为详细的历史考察，总结了我国传统城镇化的发展模式，探讨了我国传统城镇化的发展动力，论述了农村城镇化、城市群建设等我国城镇化发展的重点问题，重点反思了我国传统城镇化的负面效应，尤其是对我国传统城镇化的“物化”本质和“半城镇化”特点进行了较为深刻的分析。不仅丰富了城镇化相关理论，也在一定程度上推动了政府和公众对传统城镇化的反思。

另一方面对我国新型城镇化进行了初步研究。其主要包括在归纳总结我国城镇化的发展现状和特征的基础上，探讨了我国城镇化的有效测度指标，重点对城乡二元户籍、土地管理制度、公共服务均等制约我国新型城镇化发展的问题进行了全面分析，尤其是对以保障权利、改善民生、维持秩序、生态文明等为主要内容的新型城镇化的基本内涵进行了论述。

第二，完善了我国社会管理的相关理论。

我国正处于经济转型和社会转轨的关键发展期和矛盾凸显期，随着全球化和信息化的不断深入，各种社会风险和矛盾不断凸显和集聚，给政府治理和社会秩序带来极大的挑战。与此相反，由于历史原因和现实因素，国内关于社会管理的研究一度处于停滞不前状态，大概从 2010 年开始，国内学者关于社会管理的系统研究才有了较为明显的改观，陆续涌现出一批较有价值的研究成果，主要表现在两个方面：

一是对我国社会管理问题进行了系统研究。其主要包括对我国传统社会管理进行了较为详细的历史考察，总结了我国传统社会管理的主要特征，具体论述了基层社会管理、农民工市民化等我国社会管理的重点问题，重点反思了我国传统社会管理的负面效应，尤其是对我国传统社会管理的机械性、碎片化特点进行了较为深刻的分析，并提出了相应的对策和建议。不仅丰富了社会管理相关理论，也在一定程度上推动了政府对传统社会管理方式的反思，推动了社会管理相关公共政策逐步完善的进程。

二是对我国社会管理转型问题进行了初步研究。其主要包括在具体分析我国社会管理的发展现状的基础上，探讨了我国社会管理的发展趋势，重点对户籍制度、流动人口管理、政府职能改革问题等我国社会管理改革的重点问题进行了全面分析，尤其是对新型城镇化给我国社会管理带来的挑战问题进行了初步分析。不仅就以双中心治理模式为主要特征的有机性、整合性新型社会管理进行了广泛探讨，也提高了政府对我国社会管理体制改革和机制整合问题的重视，在一定程度上为我国社会管理体制改革提供了理论基础。

（2）国内相关研究的不足之处。通过对现有文献进行系统分析，我们发现目前国内关于城镇化背景下的社会管理问题进行研究的在研究视角、研究内容两个方面还存在一定不足之处。具体论述如下：

研究视角方面，缺乏以新型城镇化为背景对社会管理问题进行专门的系统性研究。一方面，党的十八大报告明确指出我国要走新型城镇化道路，新型城镇化是我国跨越“中等收入陷阱”和“社会转型陷阱”的重要发展战略，开启了我国第三次社会变革的序幕；另一方面，国家“十二五”规划明确提出建立我国特色社会主义社会管理体系，构建中国特色的社会管理体系是目前我国社会改革与发展中的最重要议题之一。然而从国内现有研究来看，分别对城镇化和社会管理相关问题进行研究的成果较多，但真正从“以人为本”的内在逻辑上将城镇化和社会管理这两个当下我国最重要的议题联系起来，以新型城镇化为重要背景对社会管理问题进行专门的系统性研究的成果则凤毛麟角，在新型城镇化背景下的社会管理演化规律、新型城镇化与新型社会管理之间的耦合关系等方面，还有很大的进一步研究的空间。

研究内容方面，缺少对新型城镇化背景下的社会管理转型升级的系统深入研究。目前，国内学者在经济学、地理学、环境学、社会学等学科领域对我国城镇化的历史考察、发展动力、负面效应、测度指标及相关重点问题的研究相对较多；此外，国内学者在政治学、管理学、社会学等学科领域对我国传统社会管理的主要特征、负面效应、基层社会管理问题及相关对策建议等方面的研究较为全面。但是，在把握我国传统城镇化内在的“物化性”特征和传统社会管理本质上的“碎片化”特征的基础上，对新型城镇化背景下的社会管理转型升级的系统性研究却相对不足。

1.4.2 国外文献综述

1. 国外城镇化及其衍生的社会管理问题研究综述

“Urbanization”直译为“城市化”，而在我国特殊国情下也可译为“城镇化”，本书研究中将西方语境下的“Urbanization”等同于中国特色的“城镇化”。西方学术界普遍认为：城市化是近代工业革命的产物，其时间自然从18世纪开始（Deane，1962）①。有鉴于此，本课题以18世纪作为分析西方城市化的起始时点，进行学术史的梳理。

西方发达国家率先实现了工业化、城市化和现代化，其发展历程是近代人类社会发展的直接体现，同时也为发展中国家提供和展现了城市化的经济社会运行和发展规律，为仍处在城市化进程初级阶段和中间阶段的国家提供了重要的历史借鉴。

① B. R. Mitchell, P. Deane, Abstract of British History Statistics [M]. Cambridge: Cambridge University Press, 1962: 88 -90.

西方发达国家的城市化进程可划分为以下三个发展阶段（Ray M. Northam, 1975①；Mumford Lewis, 1961②）：一是城市化萌芽阶段（18 世纪中叶—19 世纪中叶）。随着第一次工业革命的兴起，大规模的生产逐渐取代手工业小作坊成为主流。而生产的集中带来了人口的大量聚集，城市化进程随之展开。在这个阶段内，产业和人口在向部分中心城市集聚，但城市化率较低，同时政府缺乏前瞻性指导和规划，城市化进程完全由市场主导，埋下了一些社会隐患。二是城市化扩张阶段（19 世纪中叶—20 世纪中叶）。随着第二次产业革命的兴起，重工业逐步取代轻工业成为国家主导产业，促进了人口大规模地向中心城市转移，改变了人口布局，初步形成了新的城市体系。然而，随着产业、人口在中心城市的迅速集聚和城市化率不断攀升，"大城市病"也日益凸显，贫民窟、有组织的犯罪活动以及环境污染等诸多社会问题也逐渐爆发，甚至由于社会环境恶化，部分人口开始向郊区转移，"郊区化"趋势初步展现。三是城市化完善阶段（20 世纪中叶至今）。随着第三次产业革命的出现，信息化逐渐取代了重工业化，产业发展向高服务化和高信息化靠拢，并对人口分布产生了重要影响。西方发达国家出现了大城市与小城镇发展并存的局面。

西方社会在城市化进程中也出现了诸多问题。19 世纪中叶，马克思和恩格斯运用历史唯物主义和辩证唯物主义的思想观念，分析了资本主义体制下城乡关系尖锐对立的现实，并提出了这种体制下城乡分离与对立的必然性。他们在研究中指出，城市本身实现了资本、人口、生产、需求等各类社会资源的聚集，而乡村中完全相反地出现了严重的资源孤立和资源分散现象（马克思、恩格斯全集，1960）③。西方城市的无序扩张，最终使社会环境恶化到难以收拾的程度，日益严重的"城市病"导致了交通拥堵、治安环境恶化、生态环境污染等人与物以及人与自然的对立，更为严重的是形成了人与人、人与社会的对立（K. Girish Misra, 1997）④。

西方的城市化模式，在发达国家的实践中取得成功，在广大发展中国家的实践中则不断失败。在那些紧步跟随发达国家的发展中国家，如印度（T. Palanivel,

---

① Ray M. Northam. Urban Geography [M]. Michigan: University of Michigan Press, 1975: 155 - 157.

② [美] 刘易斯·芒福德，城市发展史：起源、演变和前景 [M]. 倪文彦，等，译，北京：中国建筑工业出版社，1998：98.

③ [德] 马克思，恩格斯. 马克思恩格斯全集，第 3 卷 [M]. 中共中央马克思恩格斯列宁斯大林著作编译局，译. 北京：人民出版社，1995：245.

④ K. Girish Misra, G. C. Mathur, L. N. P. Mohanty, et al. Sustainable Urban Development [M], New Delhi: Uppal Pub, 1997: 167.

2001[①]；Judge P，1996[②]）、巴西（A. Canolin Crabbe，2005）[③] 与非洲（Harsch，2001）[④] 等，贫民窟已经成为困扰这些国家和地区诸多城市的顽疾，脏乱差的生活环境、黄赌毒横行的治安环境阻碍了城市的进一步发展。世界银行在 2009 年的世界发展年报中称，新加坡是全球消除贫民窟最成功的国家，然而新加坡只是“弹丸之国”，其经验没有多大推广价值（World Bank，2009）。因此，对于诸多不加取舍、直接效法西方城市化经验的发展中国家来说，城市化基本上都是以失败告终。

西方城市化与工业化的进程是同步推进的，通过土地兼并（最为粗暴的就是“圈地运动”），逼迫农民“上楼”进城，或通过人为偏向城市的经济发展，拉大城乡发展差距，吸引农民转移到城市。一方面给城市工业发展提供劳动力，另一方面便于剥削农民工的剩余价值。而农民进城后，由于缺乏资本，将在城市中聚集并形成廉价劳动力的“蓄水池”——贫民窟，众多的农民工也就成为任由资本家宰割的羔羊（Harvey，1984）[⑤]。但是失去土地、缺少资本的农民工在城市的生活状况逐渐恶化，农民工不满的情绪也逐渐高涨，慢慢转化成了行动，城市的社会矛盾日益尖锐，动荡加剧。1789 年法国大革命正是在这一经济与社会基础上发生的（Tocqueville，1856）[⑥]。如今，发达国家早已实现了城市化的高度成熟，进入了后工业社会。但是历史积淀下来的社会矛盾，一直在周期性地潜滋暗长。

2. 国外对西方社会管理相关研究综述

在历史发展过程中，西方社会也经历了从公共行政时期到社会治理时期的发展，其社会管理一直处于变革中。如今为应对世界范围内以及各国逐渐出现的具有复杂性、频发性和不确定性的社会管理问题，西方政府积极应对，主动介入社会管理，推动社会管理创新。

（1）战略构想与价值导向层面。西方社会管理战略上强调社会管理的前瞻性、针对性和地方性，它要求社会管理主体在一定时期内对全局的、长远的发展方向、目标、任务和政策，以及资源调配做出决策和规划，这样的社会管理也被

---

① T. Palanivel. Sustainable Development of China, India and Indonesia: Trends and Responses [C]. World Summit for Sustainable Development: International Eminent Persons Meeting on Inter-linkages, 2001 (9): 44 – 57.

② Judge P, Strategies of social change in India [M]. New Delhi: Uppal Pub, 1996: 78.

③ A. Canolin Crabbe. A Quarter Century of Pension Reform in Latin America and the Caribbean: Lessons Learned and Next steps [R]. Inter-American Development Bank, 2005: 25 – 27.

④ Ernest Harsch. African Cities Under Strain: Initiatives to Improve Housing, Services, Security and Governance, From Africa Recovery [J]. 2001 (7): Vol. 15 No. 1 – 2.

⑤ P. D. A. Harvey. The Peasant Land Market in Medieval England [M], Clarendon: The Clarendon Press, 1984: 49.

⑥ ［法］托克维尔. 旧制度与大革命［M］. 钟书峰，译，北京：中国长安出版社，2013：77.

称为战略性社会管理（Coskun Selim，2011）①。战略性社会管理可以有效结合地方情况，缓解当地的社会矛盾（Henny Luz Heredia-Martínez. Etc，2010）②。其社会管理价值观追求“最佳价值”（Best Value），首先，它是指在社会管理中对追求经济、效率和效能的回归，它强调社会管理在投入/产出方面实现平衡，尽量在降低成本的同时提高管理成效；其次，它要求地方政府在治理中重视公民及社区的需求（Sheila Lewis，1999），这体现了社会管理“以人为本”的导向，明确了社会管理主体的多元化，促进了政府在社会管理中发挥主导作用，同时，兼顾了社会组织及民众的诉求，满足了其对社会管理的期望和要求。

（2）政策制定及实施层面。科学的政策在社会管理中能起到很好的纲领作用、指导作用和规制作用。西方国家在社会管理过程中非常重视政策的透明化和信息的可得性，也就是说，社会管理的相关政策最好是为公民所理解的、支持的，甚至在政策制定环节也是有公民参与的，对于政策的疑点、盲点，公民是有权利和途径提出质疑的。政策透明使社会管理政策的实施赢得了公众的支持，为管理的实施和落实提供了很大的便利，而且政策透明运用在地方层级越低的地方越有成效（Esther Martinez-Diaz Maria. Etc，2012）③。西方国家社会管理的政策是比较完善的，如欧美国家的社会企业政策、养老保障政策，美国、英国、德国、法国、日本、新加坡的住房政策，澳大利亚的移民教育政策，巴西的反贫困政策，全面的政策覆盖为社会管理提供了完善的制度框架（李百花，2012）④。在政策实施过程中，不同社会管理主体通过建立联合的技术及组织设施，借助信息技术，实现了地方政府在社会治理中的合作与联合，通过整合地方政府的力量和资源，大大提高了治理的效率，节约了成本（Rimantas Gatautis. Etc，2010）⑤。

（3）技术层面。卓有成效的社会管理必然需要技术的支持，在信息通信技术高度发达的今天，电子政务是各国在社会管理创新中最常用的手段之一。电子政务指政府运用包括计算机、网络和通信等现代科技手段，超越空间和时间以及部门分隔的限制，构建一个高效、精简的政府运作模式，实现了政府组织构架和工作流程的创新和完善，既降低了政府的办事成本，提高了社会管理的效率和效益，同时也增强了政府与民众之间的互动和沟通，使政策宣传和实施更为顺畅，

---

① Coskun Selim. The Practices of Strategic Planning in Public Administration: The Case of the USA [J]. Amme Idaresi Dergisi, 2011 (44): 113 - 134.

② Henny Luz, Elizabeth Artmann, Silvia Marta Porto. Communicative Approach of Situational Strategic Planning at the Local Level: Health and Equity in Venezuela [J]. Cad. Saúde Pública, Rio de Janeiro, 2010, 26 (6): 1194 - 1206.

③ Esther Martinez, Gomez Leticia. Transparency and Information Access at Local Level: The case of the Municipality of Metepec [J], Convergencia-Revista de Ciencias Sociales, 2012 (19): 183 - 208.

④ 李百花. 国内外社会管理研究现状及述评 [J]. 企业技术与开发：中旬刊，2012 (4)：70 - 71.

⑤ Rimantas Gatautis, Vitkauskaite Elena. Towardse-Government Interoperability: Lithuania Case [J]. Journal of IBIMA Business Review, 2010: 1 - 9.

也大大提高了当地政府在社会管理中了解公民和社会组织利益诉求的便利性(Rony Medaglia, 2006)[①]。

3. 国外对我国社会管理相关研究综述

Friedmann（2005）认为每况愈下的城市环境、失业问题、贫富差距及贫困问题是我国实现良好社会管理必须首先解决的三大问题[②]。Goldman（2005）认为我国社会管理有三大缺陷：其一是环境治理的不足，尤其是随着经济发展、工业化程度加深、城市化进程加快，城市的环境问题不断恶化，这个问题更加突出；其二是高等教育的质量、机会的均等性、财政投入等方面有待改善，我国高等教育的质量直接关系着人才的质量，对于我国未来发展的重要性不言而喻；其三是官员对权力的滥用，尤其是对村干部的管理面临很大的挑战，官员的腐败问题会削弱政府和中国共产党在社会管理中的领导作用[③]。对于社会组织参与社会管理，我国当前最大的问题就是相关的法律法规不完善，如准入门槛太高，导致许多草根非政府组织不具有合法性，这造成了非政府组织运营的困难性（OECD, 2005)[④]。此外，公民参与社会管理的问题更多，Lily L. Tsai（2007）认为现阶段我国基层的公民参与很不成熟，主要原因有以下三个方面：第一，公民的参与意识薄弱，参与社会管理的兴趣不高；第二，公民参与缺乏成熟、科学的制度框架，这导致公民参与的过程不规范，容易出现暗箱操作，易受一些人为因素的影响；第三，由于地方政府或基层政府的结果导向，公民的参与往往流于形式，并没有实现其应实现的目标[⑤]。

我中国自20世纪70年代末实施改革开放一揽子政策后，就踏上了社会现代化的高速道路。现代化的进程中面临着调和社会动荡中各层级间的社会冲突，需要我国进一步加强政府之间的合作，推动资源共享和信息畅通，有利于经验的相互交流和学习，实现跨区域、跨部门的合作，我国政府的府际合作是“协同式”社会管理的尝试，对于我国社会管理的发展是十分有益的（OECD, 2005)[⑥]。随着社会管理的复杂性和突发性不断凸显，社会组织（NGO）将越来越多地弥补政府缺位，参与社会管理，且社会组织的出现和成长是实现公民参与社会管理的重要前

① Rony Medaglia. Local Networking for e-Services: A UK Case Study [J]. EGOV 2006: 256－268.

② John Friedmann. China's Urban Transition [M]. Minneapolis: University of Minnesota Press, 2005: 117－129.

③ Fan, SK, Yuan, HG. Right, Interest and Duty: The Three Main Themes of 60 Years' Civic Engagement in Social Governance in China [J]. Proceedings of 2009 International Conference on Public Administration (5th), 2009: 186－190.

④ OECD. Organization for Economic Co-operation and Development [R]. Governance in China, 2005: 81.

⑤ Lily L. Tsai. Accountability Without Democracy: Solidary Groups and Public Goods Provision in Rural China [M]. Cambridge: Cambridge University Press, 2007: 108－130.

⑥ OECD. Organization for Economic Co-operation and Development [R]. Governance in China. 2005: 34.

提（Velasquez. et al，2005）[①]。社会组织（NGO）参与社会管理成为社会管理的主体之一将是未来的趋势，且这个趋势是不可逆转的（Stephen K. Ma，2007）[②]。

4. 国外研究述评

西方国家由于建国时间较早，城市化和社会管理历时均较我国长久，在这个长期的过程中，西方国家的确积累了较多的理论成果和实践经验及教训。但现有的西方社会管理研究仍然存在不足，其主要表现在以下三点：一是当今经济全球化、环境日益复杂化、社会及科技进步高速化，致使社会管理的诸多方面也在不断发生变化，新型社会管理理论的具体应用和指导不断涌现，但这些实践并未得到学术界的关注和系统性的研究；二是西方对我国社会管理的研究也有了一定的数量和质量，但其对我国的特殊国情和整个社会管理体系缺乏系统的认识，这其中的原因既包含文化差异也包含部分的政治因素；三是西方缺乏对社会管理和城市化的互动性研究，其开展的有关研究均是将两个领域分开来看的。

从宏观上来看，这种建立在西方社会发展历史基础上得出的城市化背景下的社会管理理论成果和实践经验是具有借鉴意义的，其基础在于人类社会进步的大方向是一致的，从传统社会走向现代社会、从农耕社会走向工业社会、从封闭社会走向开放社会，只是我国还未能完成这一转型。西方发达国家在转型过程中曾出现的人口膨胀、贫富差距过大、环境污染、社会安全与稳定问题等诸多矛盾与冲突也逐渐在我国上演，因此学习和选择西方社会发展过程中的理论成果和实践经验并进行合理借鉴是十分必要的。

从相对微观的角度来看，我国如今处在这个内外环境快速变化的全球化中，其境况具有不可忽视的特殊性。其一，我国意识形态与西方国家截然不同，我国正处在特殊的转型期，加上历史原因，社会普遍价值观并未完全形成，这对社会管理提出了严峻的考验；其二，西方发达国家在当年进入城市化后，其获得了几十年到上百年的充分时间来进行社会矛盾的调解和社会管理理论研究及实践的检验，而对于我国来说，虽然新中国成立较晚，但经济发展迅速，现已跃居世界第二大经济体，在如今飞速发展的年代，西方国家上百年城市化发展中出现并最终逐步得到解决的问题在我国转型期发展的短短十几年集中爆发，这是以往西方国家所没有经历过的；其三，西方国家与我国政治体制和经济体制不尽相同，因此在转型期发展中面临的问题也有不同程度上的区别。

借鉴西方社会管理的成果和经验不能实行不加分析的简单的“拿来主义”，更不能是“想当然”的。在全球治理的背景下，我国对西方社会管理的借鉴要

---

① Jerry Velasquez，Makiko Yashiro，Susan Yoshimura，et al. Innovative Communities：Community-Centered Environmental Management in Asia and the Pacific［M］. Paris：United Nations University Press，2005：235.

② Stephen K. Ma.. What Can We Learn from Recent Developments in China's Public Administration?［J］. Public Administration Review，2007，（11）：1 088－1 091.

注意明确和区分其理念方面、制度方面、体制方面、能力建设方面和技术方面的启示，要明确借鉴的前提，那就是我国自身的国情。因此，在借鉴过程中应重点考虑如何实现西方社会管理理论的中国化，要明确在实际操作层面上如何运用这些理论，如何借鉴这些经验。

1.5 研究思路与研究方法

1.5.1 研究思路

本书首先从文献梳理入手，整理归纳我国新型城镇化中社会管理的研究现状；其次，通过整体性治理和社会质量理论两大基础理论构建本书的分析框架；接着从我国城镇化的历史沿革与我国社会管理的演进历程着手，分析两者之间的互动匹配关系；然后从运用“新型城镇化进程中社会管理转型升级”——新的分析框架对现今社会管理问题进行分析；最后，在借鉴国外不同国家城市化进程与社会管理经验的基础上，从宏观体制构建和微观政策措施两个方面提出本书的对策与建议。(见图 1－1)。

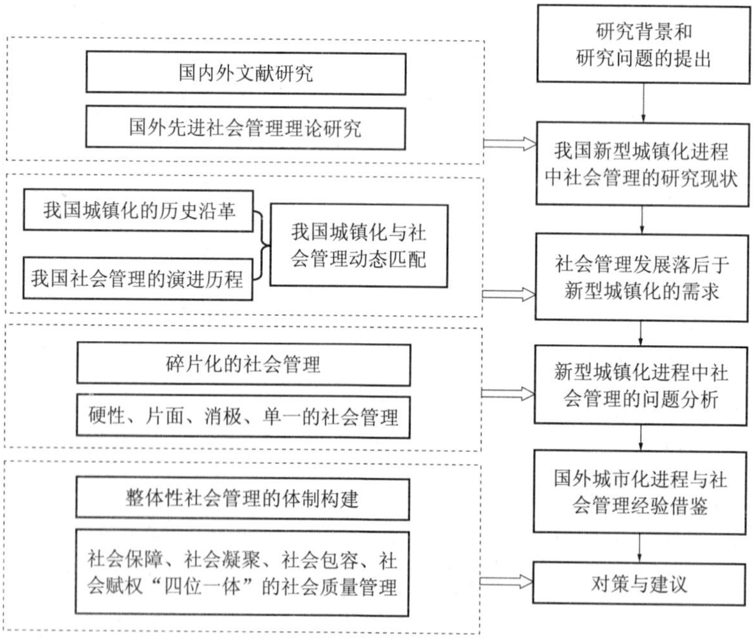

图 1－1 新型城镇化进程中社会管理研究思路

资料来源：作者自制。

1.5.2 研究方法

1. 文献内容分析法

综合借助传统的文献内容调研方法和计算机辅助的文本挖掘方法，有针对性地收集国内外社会管理问题、社会管理对策、城镇化、新型城镇化、整体性治理理论以及社会质量理论等与本书密切相关的各个领域的研究文献、网络信息资源、非传统文献等，从理论研究角度，进行深入挖掘、分析，试图完整、清晰、系统地展现国内外本领域的研究脉络、研究重点和研究趋势。

2. 比较分析法

关于社会管理与城镇化（西方称为城市化）发展的研究，在西方国家有了许多相关文献，在社会管理理念和方法以及城镇化推进等方面，有许多值得我们学习和借鉴的经验，但这不等于全盘照搬与复制，我们应有选择地加以吸收和借鉴，使之本土化，这就要求我们对我国国情和国外环境进行区别看待，在分析城镇化历史进程以及社会管理问题与对策等方面进行国内国外横向比较。同时，我国正处于社会转型期和改革的深水区，社会管理整体的转型升级将会使社会管理发生质变，这就更要求我们对社会管理发展趋势和演变的动力机制进行深入剖析，进行纵向的比较。通过比较来分析不同时期我国城镇化发展的特征和需求，以及社会管理的特点、社会管理发展趋势、推动社会管理演变的动力要求以及彼此之间的内在联系，为我国社会管理转型升级提供可行路径。西方国家关于社会管理的研究起步较早，其中有众多治理理论均对我国社会管理体制的进步和创新有指导意义。因此，运用比较分析法对中西方理论进行对比研究是本书的基本方法之一。

3. 系统分析法

系统分析法（System Analysis Method）是指把要研究和解决的问题视为一个系统，对系统内外所涉及的要素进行综合分析，分析问题的关键原因，找出解决问题方案的咨询方法。社会管理的转型升级是一项复杂的、庞大的系统工程，同时，城镇化的推进过程也内嵌着复杂性系统的特征，我国社会管理的演进是在城镇化不断推进的大背景和大环境下进行的，因此我们不能对其中的某些问题孤立地、个别地考察，本书拟在系统梳理我国社会管理与城镇化发展历程的基础上，全面地归纳和分析其发展规律、发展趋向及内在逻辑，阐明新型城镇化背景下社会管理存在的问题，最终为社会管理的转型升级指明方向。

1.6 研究创新之处

本书的创新之处有以下几点：

第一，将社会管理置于新型城镇化背景下，实现了社会管理转型升级和新型城镇化的有机结合。我国城镇化将长期影响世界的重大进程，而我国 13 亿人口的社会管理也是一项庞大的系统工程，从理论界相关学术研究来看，分别研究城镇化和社会管理的课题、文献不胜枚举，著述甚丰，但对新型城镇化或社会管理体系的研究较少，将新型城镇化与社会管理体系创新结合起来的研究更是屈指可数。本书实现两者的有机结合，具有较强的理论创新性和开拓性。

第二，将整体性治理和社会质量引入社会管理的分析框架内，实现新型理论应用指导实践的开端。整体性治理理论出现于 20 世纪八九十年代，而社会质量理论更是出现于 1999 年的欧盟会议上，两个理论在出现后便引起了社会各界的重视，展现出顽强的生命力和对社会管理较强的适用性和解释力，但限于发展时间有限，对两种理论的延伸和应用的成果还较为缺乏，因此本书的研究对此两种理论的发展以及对我国特殊国情的解释有着一定的积极影响。

第三，我国特色新型城镇化背景下，社会管理转型升级对策和建议将提出。我国新型城镇化的进程越快，社会管理的短板将暴露得越明显，若不加以修补将严重影响我国新型城镇化的进程以及社会稳定。适应新时期的背景，有针对性地提出社会管理转型升级的对策和建议，为政府社会管理改革和政策的出台提供有益的借鉴和参考。

2 基础理论与分析框架

2.1 整体性治理理论

2.1.1 公共行政与公共管理视阈下的社会管理演变

人类是群居动物，自从人类聚集组成社会以来，某种形式的社会管理便与人类社会的发展紧密相连。早期时，作为介入部分社会活动的公共事务的社会管理尽管不甚明显，但是也随着人类社会的演进而不断延续着；尽管一直未形成单独完整的理论体系，但是也一直游走和散布于法学、政治学甚至哲学等多学科中。1887 年，威尔逊的《行政学之研究》中，明确指出了行政学独立于政治学，在众多学者的努力下，行政学研究体系逐渐形成，在经历了传统行政学、新公共行政、新公共管理、新公共服务的变迁之后，现今走进了公共治理——“治理与善治”阶段。社会管理尽管到现在仍是一个跨学科的研究范畴，但是在很大程度上与公共行政和公共管理联系相对紧密，因此笔者便从公共行政与公共管理的角度来探索社会管理不断演化、前进和创新的历程（见图 2－1）①。

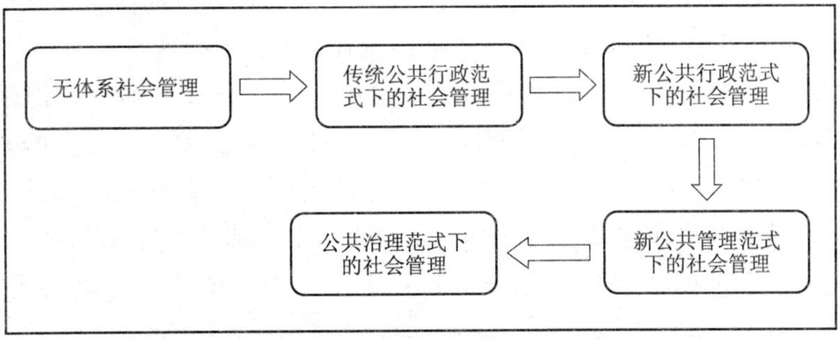

图 2－1　公共行政与公共管理视阈下的社会管理演变

① 江晓军．社会管理创新研究：基于公共治理的视角［D］．长沙：中南大学，2012：14－19.

1. 无体系社会管理

社会管理的思想随着人类结群的产生而产生，甚至早于国家概念的诞生，但一直未被理论化和体系化，在人类有了文字和思想后，社会管理的思想多蕴含于思想家的政治思想中。最早可追溯至古希腊时期，柏拉图认为要“公民与共同体一致”才能实现城镇的管理，在其《思想国》中，城市的善治是古希腊政治思想的主要追求目标和主题①。亚里士多德同样认为城镇是一个追求“至善”的共同体，城镇与人类生活共同发展②。古罗马共和国时期基本延续了古希腊的政治思想，西塞罗在其《共和国是人民的共同财产》中有更进一步的论述。

进入中世纪，欧洲社会被封建势力完全掌控，政治与宗教混杂在一起，政治由世俗政治变为神权政治，社会管理在神权和皇权的压迫下完全丧失了维护普通人权利的本质。自文艺复兴开始，情况逐渐发生了变化，人文主义和自由精神逐渐兴起。洛克、孟德斯鸠、卢梭和霍布斯等人分别从多个视角对社会管理的思想进行了进一步的阐述。霍布斯在《利维坦》中表达了“公共权力”“公共利益”以及“公共安全”等概念，洛克在《政府论》中强调了人民选择服从政府的主要原因是维护其财产。

在相当长的一段时间里，一个系统的社会管理理论范式并未出现，尽管诸多思想家的政治理念和学说中涉及了公共利益、人民主权以及国家（政府）与人民关系等概念，但是在社会管理的实际运行中，仍然是一个以统治和人治为主的社会状态。

2. 传统公共行政范式下的社会管理

传统行政学的思想出现于19世纪末，经过威尔逊、韦伯、泰勒、法约尔等人的努力后，于20世纪的二三十年代逐渐形成一个较为成熟的范式，其在社会管理上的主导地位一直持续到20世纪60年代。传统公共行政以政治—行政二分法为理论基础，采用制度和法理的研究方法，以正式的政府组织（官僚体制）为研究的主要内容，致力于行政管理的一般性、普遍性原则的探索，强调效率至上的原则③，对社会管理创新的关注主要体现在追求帕累托改进。

威尔逊的《行政学之研究》中开创了公共行政学的正统研究，他阐述了行政学研究的历史，提出了政府能做什么以及怎么做，并强调了以最高的效率和最低的成本来完成这些事情。威尔逊的行政学思想建立在行政和政治的基础上，这种行政—政治二分法在古诺德的《行政与政治》中得到了更为系统的理论阐述。

马克斯·韦伯的科层制（官僚体制）理论也是传统公共行政的重要理论，

---

① ［古希腊］柏拉图．理想国［M］．郭斌，张竹明，译．北京：商务印书馆，1986：197.

② ［古希腊］亚里士多德．政治学［M］．吴寿彭，译．北京：商务印书馆，1965：7.

③ 陈振明．从公共行政、新公共行政到公共管理学——西方政府管理研究领域的范式变化［J］．政治学研究，1999（1）：79－88.

他在研究中构建了为实现政府管理的行政组织形式，通过层级安排的权力体系、合理的分工和制度安排，实现组织处理事务、行使管理职责的效率最大化。韦伯认为科层制是一种建立在绝对理性和权威之上的最具效率的组织形式，这种体制的最重要特征就是层级结构、劳动分工和绝对理性的法规。

同一时期，泰勒的《科学管理》和怀特的《行政学研究导论》也对此做了更深一步的研究，但并未脱离传统公共行政的范畴。因此，此时的社会管理停留在片面的效率导向，无其他价值取向。

3. 新公共行政范式下的社会管理

传统公共行政经历风光后进入转变时期，自 20 世纪 40 年代起，传统公共行政饱受各界学者批评，这种批评的结果则导致了新公共行政与政策科学的诞生。

罗伯特·达尔对传统公共行政进行了深刻的批判。他认为：首先，传统公共行政学仅追求效率指标，缺乏规范价值考虑；其次，传统公共行政学忽略了人类的心理活动和人类行为；最后，传统公共行政的范围太过狭窄与局限，缺乏与社会背景的了解和互动[①]。

西蒙对传统公共行政的批评主要集中在两点：一是传统公共行政的专业化原则、管理幅度原则、命令统一原则和集团化原则不仅自身存在局限性，而且互相之间存在矛盾；二是对政治—行政二分法的批判，他认为政治和行政不能完全分开，从价值与事实的角度来看，行政问题和政治问题都包括事实和价值两个维度，只是两个维度在不同问题上所占比重不同[②]。在对传统行政学批判的基础上，西蒙尝试建立一种规范决策过程为主要内容的新行政学理论。

1968 年召开的明诺布鲁克会议正式标志着新公共行政及政策科学的兴起，弗里德里克斯的观点在某种程度上可以算是对新公共行政的总结和阐述。他认为传统公共行政忽略社会公平，仅追求经济与效率两个指标，于是他在传统公共行政学的基础上增加了"这种服务是否增进了社会公平"的问题[③]。

至此，社会管理尽管还未摆脱经济与效率至上的绝对理性问题，但是也在此基础上增加了社会公平的指标，是一种对社会公平和正义的呼吁和回归。但由于缺乏系统的、逻辑的"社会公平"的理论体系和模型，因此新型公共行政还谈不上是完全的范式转变，但其对社会公平价值观的追求和对今后的社会管理理论与实践发展产生了重要的影响。

4. 新公共管理范式下的社会管理

自 20 世纪 70 年代起，西方各国社会管理遭遇了严峻的挑战，第二次世界大

---

① Robert A. Dahl. The Science of Public Administration: Three Problems [M]. Classics of Public Administration, 1978: 124 - 133.

② Herbert A. Simon. The Proverbs of Administration [J]. Public Administration Review, 1946: 53 - 67.

③ [美] 杰伊·M·沙夫里兹，[美] 阿尔伯特·C·海德. 公共行政学经典（英文版）[M]. 伊利诺伊：多尔西出版社，1987: 426.

战后，西方各国均采取了凯恩斯强政府的主张，对社会经济生活进行全面干预，随后出现了经济滞涨，政府管理也危机四伏，最终甚至出现“政府失灵”的现象。直到20世纪80年代，新公共管理运动席卷全球。新公共管理跨学科吸收了社会学、经济学等学科的理论，是一种新的政府管理模式。其具备以下四个特征：一是新公共管理学突破了传统行政学的学科限制，融入诸多其他相关学科的知识，是一种广泛而综合的知识框架；二是它在保留行政学研究主题的基础上，拓展了政府管理的研究领域；三是新公共管理学更多从经济学的视角来研究政府管理和社会管理问题；四是新公共管理学在处理政府实践问题上提供了一套完全不同于原公共行政学的新思路，它是一种当代公共管理的新范式①。

新公共管理倡导社会管理思想，相较原公共行政带有浓重的管理色彩，重视管理的结果，包容和采用先进的管理手段与方法，并探索了法治、公平、高效、责任、市场化等核心价值的融入，但仍表现出对技术理性的倾斜，忽视了公民参与民主的实现。正如罗森布罗姆的批判：“新公共管理只是政治—行政二分法的复活，它忽视了行政和民主的内在关系。”② 但新公共管理仍然推动了社会管理的演进，为今后的社会管理创新提供了有益的借鉴。

5. 公共治理范式下的社会管理

西方社会管理先后受到“福利国家理论”“第三条道路”“福利多元主义”“新公共管理”“公共治理理论”的影响，最终进入了“治理与善治”的阶段。随着市场经济的发展、公民社会的成熟、民主权利的迫切需求，西方社会管理理论不断演化和发展。尤其是到了20世纪七八十年代，随着新公共管理及福利国家改革运动的兴起，社会管理领域出现了诸多新理论，其中以多中心治理、网络治理、协同治理为代表。

多中心治理（Polycentric Governance）是以奥斯特罗姆夫妇为核心的一批研究者提出的，多中心治理以自主治理为基础，允许多个权力中心或服务中心并存，通过竞争和协作给予公民更多的选择权和更好的服务。与传统的集权式和官僚制采用的单一主体的治理方式相比，多中心治理减少了搭便车行为，提高了决策的科学性。

网络治理（Network Governance）是指在现存的跨组织关系网络中，针对特定问题，在信任和互利的基础上，协调目标与偏好各异的行动者的策略而展开的合作管理。

协同治理（Collaborative Governance）被 Chris Ansell & Alison Gash（2007）

---

① 陈振明．从公共行政、新公共行政到公共管理学——西方政府管理研究领域的范式变化［J］．政治学研究，1999（1）：79－88.

② Rosenbloom David. History Lessons for Reinventors［J］. Public Administration Review, 2001, 61（2）：161－165.

定义为公共部门和非政府利益相关者直接参与共同决策过程的一种治理形式，这个决策过程是正式的、以共识为导向的、商讨的，并以制定或实施公共政策或者管理公共项目和资产为目的的①。

公共治理阶段，社会管理理论都强调“共治”，与传统的社会治理方式不同，新型社会治理理论认为仅仅依靠政府的力量是不够的，应该让更多的社会力量参与治理，包括社会组织、社区、公民等。此外，公共治理还有一种公共伦理的导向，公民也成为社会管理创新的主体之一，打破政府对公共服务的垄断，超越传统的管理与被管理，转向一种政府、社会、公民等多方面共同参与、合作的治理模式。

2.1.2 社会管理理论发展的新契机：整体性治理理论

经历了二十年的新公共管理浪潮，西方国家开始了新的“寻找政府部门整合与协调”的改革运动，多中心治理、网络治理以及协同治理都是这个阶段的公共行政和社会管理的理论成果。毋庸置疑，当今的社会管理已经进入了“治理与善治”阶段。整体性治理也出现在这个治理理论涌现的背景下，它可以应对公共事务的日趋复杂化、数字时代的来临以及以往公共管理遗留下来的碎片化、空心化政府等一系列的问题。

从概念的演进来看，整体性治理出现于希克斯 1997 年的著作《整体性政府》（Holistic Government）中，其书中指出了整体性政府产生的原因和背景，为了解决当今政府组织内部过度分化和隔离而引起的社会治理不善导致的社会问题，提出了政府改革的方向，如构建整体性政府、打造文化革新政府、实现预期性政府和结果导向政府。1999 年，希克斯等人在《圆桌中的治理——整体型政府的策略》中提出了摆脱部门主义和过度强调功能分工的狭隘本位视野，构建整体性政府的具体整合途径、方法以及政府政策。2002 年，希克斯等人的《迈向整体性治理——新的改革议程》中批判了政府组织间关系以及制度生存性等问题，提出了 21 世纪的政府应该推动整体性治理，摒弃以往的功能性和专业性部门间的各自为战，让政府朝着整体性合作的方向发展②。自此，整体性治理诞生了。

从综合来看，希克斯强调整体主义的对立面是碎片化，而非一般讨论的专业化或部门化。此外，整体性治理的重要概念是整合，这种整合是一种对政

① Chris Ansell, Alison Gash. Collaborative Governance in Theory and Practice [J]. Journal of Public Administration Research and Theory, 2007 (18): 543 - 571.

② Perri 6. Diana Leat, Kimberly Seltzer and Gerry Stoker. Towards Holistic Governance: The New Reform Agenda [C]. New York: Palgrave, 2002: 78 - 79.

府、政策、社会管理、监督等所有层面进行整体的运作。如进行不同层次或同一层次的治理整合；公共部门间或公私部门间的整合；部分功能内部的整合等。他还以手段和目标两个维度，在三个层次上构建了五种不同类型的政府（见图2－2）。

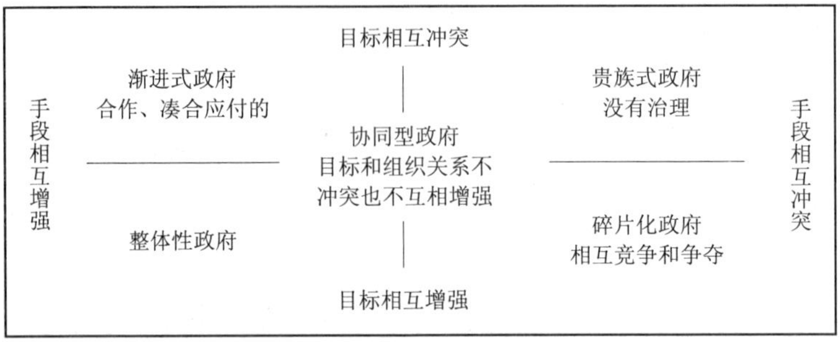

图2－2 整体性治理手段与目标的关系

整体性治理诞生后，诸多学者表现出对此理论的浓厚兴趣，并纷纷展开理论和实践的研究。Pollit（2003）提出整体性治理仍是一种为实现预期利益的政府治理模式，指导思想是通过横向与纵向的协同和行动，达到四个方面的目标：增进不同利益主体的协作；消除政策间的矛盾，以增进政策的效力；减少重复浪费，更好地使用稀缺资源；为公众提供无缝隙服务①。Tom Ling（2002）从“上”“下”“内”“外”四个层面分析了整体性治理的理论与实践，“上”是指向上负责制，新的责任与激励机制；“下”是指新的公共服务供给流程；“内”是指组织内部的协作，新的组织构架；“外”是指跨组织部门的新协作方式②。我国台湾学者彭锦鹏（2004）从运作原则、组织形态等多个维度对传统官僚制、新公共管理和整体性治理进行了对比（见表2－1），并阐述了整体性治理的具体对策，即通过信息科技形成线上治理，整合整个政府组织。

表2－1 公共行政三种经典范式的比较

项目	传统官僚制	新公共管理	整体性治理
时间	1980年以前	1980—2000年	2000年以后
管理理念	公共部门形态管理	私人部门形态管理	公私合伙/中央地方结合
运作原则	功能性分工	政府功能部分整合	政府完全整合运作
组织形态	层级节制	直接专业管理	网络式服务
核心关怀	依法行政	作业标准与绩效指标	解决人民生活的问题

① Christopher Pollitt. Joined-Up Government: a Survey [J]. Political Studies Review, 2003 (1): 67－84.

② Tom Ling. Delivering Joined-Up Government in the UK: Dimensions, Issues and Problems [J]. Public Administration, 2002, 80 (4): 625－626.

续表

项目	传统官僚制	新公共管理	整体性治理
成果检验	注重输入	产出控制	注重结果
权力运作	集中权力	部门分权	扩大授权
文官规范	法律规范	纪律与节约	公共伦理与价值
运作资源	大量运用人力	大量利用资讯科技	线上治理
政府服务项目	政府提供各种服务	强化中央政府掌舵能力	政策整合解决人民生活问题
时代特征	政府运作的逐步探索	政府引入竞争机制	政府制度与人们需求、科技和资源的高度整合

资料来源：彭锦鹏．全观型治理：理论与制度化策略［J］．政治科学论丛，2005（23）．

整体性治理在延续其他治理理论的核心价值如公民参与和共治的基础上，强调了制度化的跨界合作与整体性，因此整体性治理是一个复合的体系，是政府再造的系统体现，其具备以下五个特征：第一，治理的目标是社会责任和公共利益；第二，重视政府与社会组织的协作；第三，组织结构层面实现无缝隙政府的构架；第四，通过信息技术实现公共服务的优化；第五，重视整合、跨界合作与整体运作。

2.1.3 整体性治理的本土化演进之路

整体性治理的出现引起了学术界和实践界的关注，如 Tom Ling（2002）、Philippa Russel（2003）等人不仅从理论的角度对整体性治理进行了解读和阐述，并且在社会服务、社会保障等领域进行了实践性的研究。同时，英国前首相布莱尔 1997 年刚上台就提出了“跨界合作的政府再造”，这也是整体性治理付诸实践的一种体现。

新中国成立六十多年，政府治理水平不断提高，最为显著的就是行政组织体系的不断优化。但政府部门之间职能交叉、重叠，各自为战的政府治理碎片化现象严重。政府、社会、市场之间的多中心协作关系并未建立，政府越位、缺位等现象依然存在，创新和谐社会管理的整体性治理结构仍未形成。虽然整体性治理的框架来自西方的“政府再造”活动，其产生背景与所处的政治制度与我国具体情况有一定差别，但是剔除政治体制等差异因素，仍然可以从公民参与、社会组织参与、组织机构等方面的整合，构建符合我国特色国情的整体性治理框架。国内学者曾凡军（2010、2012、2013）、竺乾威（2008）、翁士洪（2010）、胡象明（2010）、胡佳（2010）等人均对整体性治理本土化的引入做出了一定的贡献，其研究主要集中在理论解读和本土化延伸层面，对于政府政策的具体指导方面较少涉及。因此，整体性治理的本土化应用之路任重而道远。

2.2 社会质量理论

2.2.1 社会质量理论的理论阐述

社会质量理论发源于欧洲，一些社会学、公共行政等领域的学者经过研究，于1997年在欧洲社会质量研究基金会（EFSQ）的组织下出版了《The Social Quality of Europe》，这是社会质量理论的第一部著作，为社会质量理论的诞生和形成奠定了基础。1999年，在荷兰首都阿姆斯特丹举行的欧盟首脑会议上，诸多学科的多位专家学者共同签署并发表了《The Amsterdam Declaration on Social Quality of Europe》，并在宣言中提出了“期望欧洲在社会经济取得成功的同时，能够提升社会参与和社会公正，使欧洲社会成为具有高度社会质量的社会”①。自此，社会质量理论正式诞生与形成，成为一个新的理论范式。2001年，《Social Quality：A Vision for Europe》一书出版，书中研究和探讨了社会质量指标体系的形成与构建，进一步完善和推动了社会质量理论的发展。

社会质量理论中的“社会”是一个广义的含义，指的是社会的整体状况。社会质量的核心在于强调人的社会性。社会质量理论认为，人从本质上看，是社会的存在而非原子化的经济人的假定，个人的福利水平和潜能的提升以及自我实现与社会关系紧密相连，社会认可是个人发展的前提。也就是说，人的发展与自我实现有赖于其在社会关系交往中（家庭、公司、社区等）与他人的互动。而“社会性”也就根植于这些互相依赖的互动过程中（沃克，2010）②。根据欧洲学者的定义，社会质量是“公民参与共同体的经济与社会生活的程度，并且这种生活同时可以提升其福利水平和个人潜能”③。一个具有高度社会质量的社会是一个满足和提供公民一定的社会经济保障，公民福利水平不断提高，并能促进公民融入社会、发展其潜能，最终实现其个人价值的社会。因此，一个社会的社会质量与其社会结构、社会文化以及经济等情况息息相关。

欧洲学者运用构建性因素、条件性因素和规范性因素等三组因素四个维度创

---

① Beck W, Van Der Masesn L, Thomese F, et al. Social Quality：a Vision for Europe [M]. Hague：Kluwer Law International, 2001：375.

② [英] 艾伦·沃克，社会质量取向：连接亚洲与欧洲的桥梁 [J]. 张海东，译. 江海学刊，2010 (4)：21-29.

③ Beck W, Van Der Masesn L, A. Walker, et al. The Social Quality of Europe [M]. Kluwer Law International, 1997.

造和评价社会质量①（见表2-2）。首先，构建性因素，包括个人（人的）保障、社会认知、社会反应、人的能力，这是在具有社会质量社会中合格社会行动者的构成要素；其次，条件性因素，包括社会经济保障、社会凝聚、社会包容和社会赋权；最后，规范性因素，包括社会公正（平等）、团结、平等价值和人的尊严。

表2-2 社会质量因素

建构性因素 人力资源维度	条件性因素 社会行动主体维度	规范性因素 道德/意识形态维度
个人（人的）保障	社会经济保障	社会公正（平等）
社会认知	社会凝聚	团结
社会反应	社会包容	平等价值
人的能力	社会赋权	人的尊严

资料来源：林卡．社会质量理论：研究和谐社会建设的新视角［J］．中国人民大学学报，2010（2）．

通过上述描述，可以构造一个象限来描述社会质量的理论构架图（见图2-3）。在横跨两种互相紧张的关系中，纵轴代表社会发展和个人发展间的紧张关系，其上端表示社会发展，下端表示个人发展，横轴代表制度发展与个人行动间的紧张关系，其左端表示系统、制度和组织，右端表示社区、群体和家庭。由此，在不同的象限内，不同的紧张关系会产生一种动力，使个体成为实现社会质量的行动者。

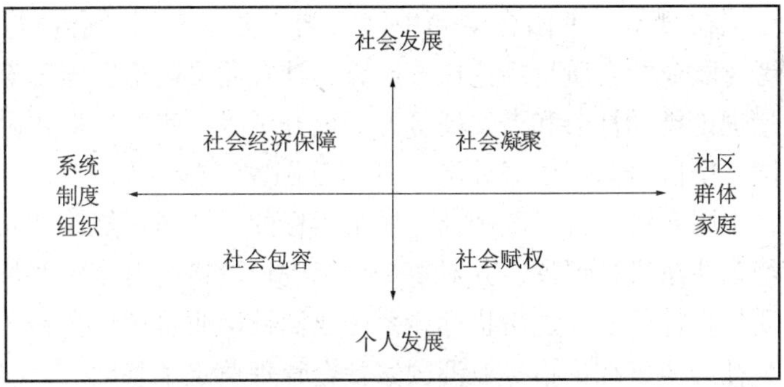

图2-3 社会质量的理论构架图

资料来源：［英］艾伦·沃克．社会质量取向：连接亚洲与欧洲的桥梁［J］．张海东，译．江海学刊，2010（4）．

从理论层面来说，社会质量理论是一种社会和经济协调发展的新理念，它摒弃了以往片面追求经济发展而忽略社会发展，社会政策从属于经济政策的经济社

① 张海东．社会质量研究及其新进展［J］．社会学研究，2012（3）：223-240.

会发展理念，倡导构建公平、民主、团结、经济社会和谐可持续发展的具有社会质量的社会模式。它强调了平衡发展社会政策和经济政策、加强公民参与和发展社会组织的重要性。

从社会政策实践层面来说，社会质量理论通过构建具有“社会质量”的价值导向影响政府政策制定和出台。它涉及多个政策领域，有助于缓解公共事务复杂化和突发社会问题频发常态化的不良社会状况，社会质量的政策目标十分明显，“共同体所有成员共享经济社会发展的成果才应是社会政策努力的方向”①。

2.2.2 社会质量理论适用研究

社会质量理论一经确立和推广，欧盟内部许多国家便按照社会质量指标来评价和考量自身国家的社会质量，并以此为据对相关的社会政策进行了调整。2005年，在欧盟资金的支持下，英法德等 14 个国家陆续发表了关于本国的社会质量报告。此外，欧洲社会质量基金会从 2004 年起就与海牙市政府就“城市发展与地方治理”开展合作研究，研究包括以社会质量的四个条件性要素为核心的深度调研与访谈和以城市持续发展为主题，开展了 LAAK NOORD 城市计划两个部分。该项研究是社会质量理论应用于政府社会管理与创新的典型案例，将会为今后地方政府治理政策制定提供有益的借鉴。

社会质量理论不仅在欧洲如火如荼地展开理论与实践的探索，也已逐渐扩散和影响到亚洲各国。2006—2008 年，在亚洲社会质量研究支委会和 EFSQ 的支持和推动下，分别在日本、中国台湾和中国大陆举办了三届社会质量研究国际会议，多国学者对欧亚社会质量理论比较研究、社会质量理论亚洲国家适用性以及运用社会质量理论推动社会和谐发展等方面展开了进一步的探索和讨论。在2008年，包括韩国、中国台湾、中国香港、日本等国家或地区的 15 名专家学者组成的研究团队在中国台湾进行了欧洲社会质量指标的亚洲适用修改和筛选工作，到场专家采用德尔菲法进行评议，并对每个指标进行严格的考核，并最终得出了一份亚洲社会质量指标体系。这份指标体系为亚洲社会质量理论实践研究做出了巨大贡献，并为社会质量理论指导亚洲国家社会管理奠定了基础。

自改革开放以来，为缓解人民群众物质需求得不到满足的首要问题，我国始终将经济发展放在首位，虽然我国在过去三十几年中取得了举世瞩目的经济成就，但是与社会发展相关的社会福利、社会公平、社会保障等社会问题并没有得到解决，反而愈演愈烈。导致这些社会问题出现的原因就是在过去几年社会政策让位于经济政策，政府治理与政策制定忽视社会发展的需求。随着对我国社会发展困

① 张海东．从发展道路到社会质量：社会发展研究的范式转换［J］．江海学刊，2010（3）：119－123.

境的反思浪潮的崛起，诸多学者已经着手研究和探索“如何使经济增长和社会发展同步推进”“如何使社会组织参与社会管理，拓宽公民参与途径”等问题了。近年来，党和国家领导人积极推动民生建设，提出建设和谐社会，将社会管理回归经济与社会协调演进的价值导向。社会质量理论无疑是契合我国当今经济社会发展背景的指导理论，林卡（2009，2010，2011，2012，2013）、张海东（2010，2011，2012）等学者对社会质量理论在我国的本土化做出诸多努力，对社会质量理论的引入以及理论指导实践的运用等进行了许多有益的探索和研究，后续也有许多学者进行了相关的研究和尝试，但也未取得突破性的进展。如何将社会质量理论研究与我国和谐社会建设有机统一，运用理论具体指导我国特色国情下的社会管理和政策制定仍然是国内学者面临的问题。

2.3 新型城镇化进程中社会管理转型升级分析框架

通过前文的文献整理和理论阐述可以发现，整体性治理作为一种新型的治理模式，其主要研究对象是政府组织，试图通过不断修正原新公共管理模式遗留下的部门分工以及功能性的碎片化问题，以新时代的信息技术为依托，以满足公民需求为导向，以责任、协调和整合为策略，推进和促使各个社会管理主体整体化，最终实现各层级、内外部部门的整合和碎片化的责任机制的整合，达到整体性政府的整体性治理。希克斯在其三本整体性治理的著作中也多次提到、研究和探讨了整体性政府的概念与构建、政府组织的关系以及机制的协调等问题。综合来看，组织构建和制度构建是构建整体性治理的主要思想，首先通过政府组织合理构建，完善内部制度，实现内部整体性；完善外部制度，使公民和社会组织顺利行使其参政议政和参与社会管理的权利，这与我国新时期建设下“党委领导，政府负责，社会协同，公众参与，法制保障”的执政理念不谋而合。

社会质量理论虽然诞生时间不长，但是其出现在世界各国将政府社会管理的焦点从经济发展转向社会发展的大环境和背景下，因此展现了蓬勃的生命力。社会质量理论强调社会发展和个人发展并重，重视个人参与共同体与系统及制度世界的整合过程和个人与社会整合的社会化过程①。随着社会质量评价指标的细化，欧洲国家和城市通过指标和评价结果进行自审，不断改进和完善社会管理，建设具有高度社会质量的社会，这些理论和案例给我国社会管理建设提供了很好的借鉴。社会质量评价指标的亚洲适用性筛选工作也初步完成，我国的高质量社

① Beck W, Van Der Masesn L, Thomese F, et al. Social Quality: a Vision for Europe [M]. Hague: Kluwer Law International, 2001: 379.

会建设工作可以在更具体和具有可操作性的理论和指标的指导下向前迈进一大步。

新型城镇化将是我国长期面临的大背景环境，而转型期社会问题频发也逼迫着社会管理的转型升级。整体性治理和社会质量理论均是从人（公民）的需求出发，以人为本是两者的共同点，两者具有天然的理论耦合性，而这一点又与新型城镇化的要求和社会管理转型的重点重叠。因此，本书将采用基于整体性治理的宏观层面和社会质量理论的微观层面分析作为贯彻全书的理论分析框架，结合城镇化与社会管理互动关系研究和社会管理问题分析，最终提出具有社会质量的整体性社会管理构建建议（见图 2－4）。

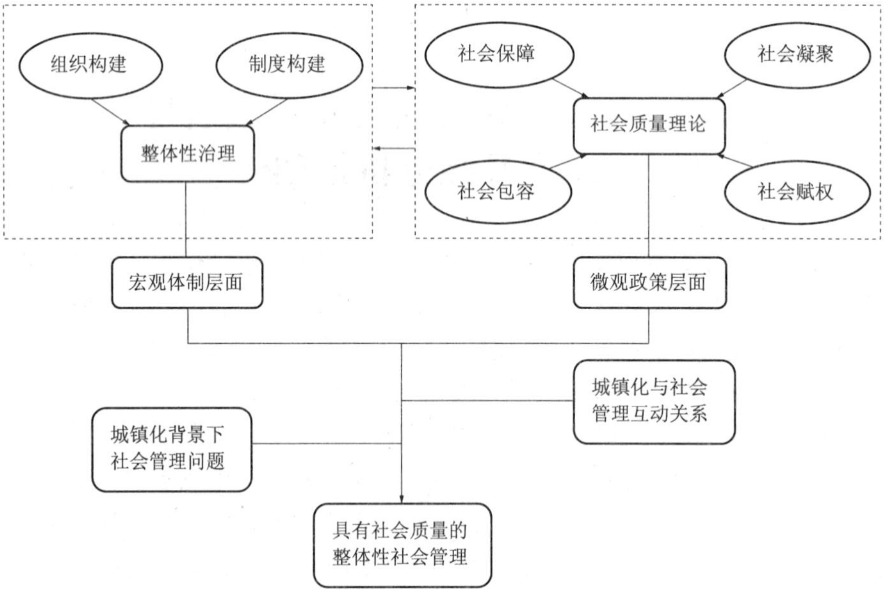

图 2－4　新型城镇化进程中社会管理转型升级分析框架

3 城镇化和社会管理的历史沿革及动态匹配

3.1 城镇化的历史沿革

新中国成立前，我国仍处在半封建、半殖民地的社会条件下，当时执政政府并无城镇化的概念和计划。1949 年新中国成立后，中共中央七届二中全会指出“党的工作重心从农村转移到城市”的战略构想，由此拉开了我国大力发展政治、经济、社会等各项事业，踏上城镇化道路，建设我国特色社会主义的新篇章。国际普遍采用城镇人口与总人口的比重来表示城镇化的水平，本书也不例外。纵观新中国成立后 1949—2012 年我国的城镇化水平变化态势（见图 3－1），可将城镇划分为四个阶段：1949—1960 年城镇化起步阶段、1961—1978 年城镇化倒退与停滞阶段、1979—1991 年城镇化探索与稳步发展阶段、1992—2012 年城镇化高速发展阶段。

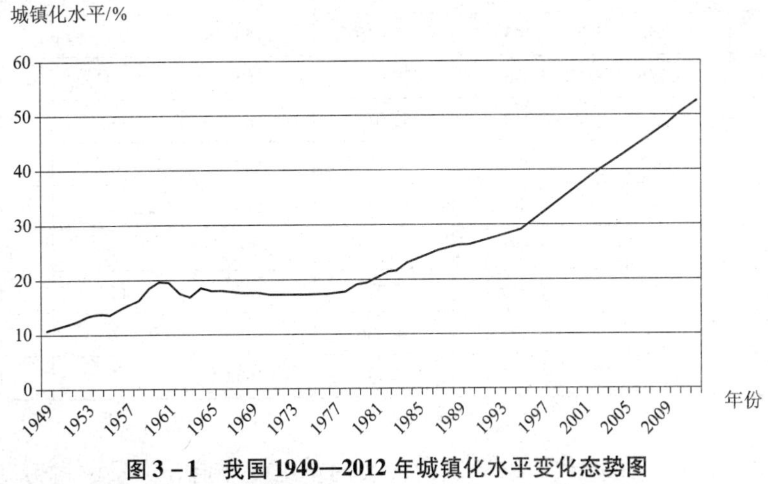

图 3－1　我国 1949—2012 年城镇化水平变化态势图

数据来源：新中国成立 65 年统计材料汇编。

3.1.1 1949—1960 年城镇化起步阶段

新中国成立之初，我国城镇化率仅 10.64%，城镇化水平较低。1949 年的中共中央七届二中全会，对我国的经济发展达成共识，党和国家积极实施了一揽子新政策和法规制度的建设与规划。首先对过去半殖民地和半封建社会环境影响下遗留的非正式制度进行剥离和改造，加强了城市秩序建设，强化了城市的生产功能，稳定了物价水平，使社会生产快速恢复，城镇的集聚效应逐渐发挥，城镇劳动力聚集，城镇人口比重上升，城镇经济也逐渐有了起色。1953 年，我国首次实施第一个五年计划，多项重点工程布局各大中型城镇，恢复原有工厂，并新建大量工厂。随着大规模工业建设的开展，大量农村劳动力转移到原有城镇和新建城镇，城镇建设稳步前进，城镇人口快速上升。1954 年，我国颁布《中华人民共和国宪法》，规范建制镇的概念；1955 年，国务院相继颁布了有关市镇建设和城乡划分的决定，逐步规范和推动了城镇化的发展。从 1949 至 1957 年，我国城镇人口增加了 4 184 万人，城镇化率增长了 4.75%，城市个数增加了 44 个，城镇化建设逐步踏上正轨（见表 3－1）。

表 3－1 1949—1960 年我国人口、城镇数量及城镇化水平变化情况

年份	总人口/万人	城镇人口/万人	乡村人口/万人	城市/个	建制镇 7/个	城镇化水平/%
1949	54 167	5 765	48 402	132	2 000	10.64
1950	55 196	6 169	49 027	144	—	11.18
1951	56 300	6 632	49 668	156	—	11.78
1952	57 482	7 163	50 319	153	—	12.46
1953	58 796	7 826	50 970	163	5 402	13.31
1954	60 266	8 249	52 017	165	—	13.69
1955	61 465	8 285	53 180	164	4 487	13.48
1956	62 828	9 185	53 643	174	3 672	14.62
1957	64 653	9 949	54 704	176	—	15.39
1958	65 994	10 721	55 273	184	3 621	16.25
1959	67 207	12 371	54 836	179	—	18.41
1960	66 207	13 073	53 134	199	—	19.75

数据来源：新中国成立 65 年统计资料汇编。

在“大跃进”的时代，以钢铁为代表的重工业崛起，大量农村劳动力涌入城镇，我国城镇人口随着工业产值的提高而增长。1958—1960 年，城镇人口增加 2 352 万人，约占原城镇总人口的 1/3，城镇化水平达到 19.75%，增长幅度与 1949—1957 年的增长水平相当，城镇规模过度膨胀。工业占国民经济比重过大，国民经济比例严重失调。

1949—1960 年，我国的城镇化尚处在新中国成立后的起步阶段，城镇化在政治因素主导的经济政策推动下，经历了稳步发展到无视经济规律和基本国情的“大跃进”，但这个时期的政府和领导人对城镇化和经济规律并没有较为清晰和正确的理解，只是从经济发展和满足人民群众物质需求的角度去考虑推动产业的发展，而城镇化率的提升也只是表现为产业发展带来的人口集聚，并非健康的符合经济和城市发展规律的城镇化。

3.1.2　1961—1978 年城镇化倒退与停滞阶段

1961 年，为缓解自然灾害和中苏关系恶化对我国本就已经严重失调的国民经济带来的恶劣影响，中央先后颁布了有关城市发展、户籍管理和统购统销的若干办法和条例，通过行政制度和食品等物资的供应来限制城乡人口的自由迁徙，主要限制了农村人口向城镇流动。随着计划经济体制的确立、城镇粮食供应紧张和产业的衰退，国家建立了严格的城乡分割制度，并强化了对农业生产要素的掌控，严格确保农民在农村从事农业生产活动。从 1961 至 1963 年，我国城镇人口减少了 1 061 万，城镇化率下降至 16. 84%，回到了 1958 年的水平（见表 3 - 2）。

国家于 1964 年提出了重视“三线”建设的方针，一些城镇由于物资匮乏和商品流通问题而被强制撤销，到 1965 年，国家建制镇数量相比 1961 年共减少 1 527个。从 1966 至 1976 年是“文化大革命”的十年，政治活动成为整个国家、社会和人民关注的焦点和重心。一方面，我国的经济发展受到严重影响，工农业发展停滞，城镇化进程遭遇重大挫折；另一方面，我国实行青年、干部和职工上山下乡活动，将大批有文化、有理想、有技术的城镇人口派往农村，既影响了城镇建设，也使得城镇人口比重显著下降。“文化大革命”和错误的政策指导影响了我国十多年的经济发展和城镇化建设，从 1961 到 1978 年，城镇人口增加了 4 538 万人，但同期的城镇化比率却降低了 1. 37 个百分点。

表 3 - 2　1961—1978 年我国人口、数量及城镇化水平变化情况

年份	总人口/万人	城镇人口/万人	乡村人口/万人	城市/个	建制镇/个	城镇化水平/%
1961	65 859	12 707	53 152	208	4 429	19. 29
1962	67 295	11 659	55 636	194	—	17. 33
1963	69 172	11 646	57 526	177	—	16. 84
1964	70 499	12 950	57 549	167	—	18. 37
1965	72 538	13 045	59 493	168	2 902	17. 98

续表

年份	总人口/万人	城镇人口/万人	乡村人口/万人	城市/个	建制镇/个	城镇化水平/%
1966	74 542	13 313	61 229	171	—	17.86
1967	76 368	13 548	62 820	172	—	17.74
1968	78 534	13 838	64 696	172	—	17.62
1969	80 671	14 117	66 554	176	—	17.50
1970	82 992	14 424	68 568	177	—	17.38
1971	85 229	14 711	70 518	181	—	17.26
1972	87 177	14 935	72 242	182	—	17.13
1973	89 211	15 345	73 866	181	—	17.20
1974	90 859	15 595	75 264	181	—	17.16
1975	92 420	16 030	76 390	185	—	17.34
1976	93 717	16 341	77 376	188	—	17.44
1977	94 974	16 669	78 305	190	—	17.55
1978	96 259	17 245	79 014	193	2 176	17.92

数据来源：新中国成立 65 年统计资料汇编。

从 1961 至 1978 年，我国的城镇化发展经历政府强制主导的逆城镇化过程和政治活动为主要因素影响下的城镇化发展停滞阶段。这一时期，我国城镇化水平主要表现出下降和停滞的特征，城镇化率的波动主要是以城镇人口的自然增长为主要推动力的。在这个阶段，城镇化发展仍然没有摆脱政治因素主导下的经济政策的掌控，甚至在其中一段时期，政治活动取代了经济活动成为国家上下社会活动的重心。政府仍然对城镇化的发展没有明确的认识和清晰的规划，对经济发展的政策也不成体系、没有衔接，城镇化进程和经济发展受到严重阻碍。

3.1.3 1979—1991 年城镇化探索与稳步发展阶段

1978 年年底，党的十一届三中全会召开，大会提出了将工作重心转移到社会主义现代化建设上的重要战略决策，这一次大会重新将国家上下的活动重心转移到了经济发展上，具有十分重要的意义。自 1979 年起，中共中央一方面推广实行家庭承包责任制，调动了农民的积极性，粮食生产连年增收，农村劳动力剩余逐年增多，同时随着粮食增收，农民收入也不断增加，由此对非农产品的需求也逐渐扩大，农村经济体制改革步入正轨。另一方面，中共中央调整了工业内部轻工业与重工业的比例关系，加大了与民众生活相关的轻工业发展规模，调整了重工业的发展方向和速度，这对促进城镇经济发展和城镇就业提供了强大的助推力。

1984 年，党的十二届三中全会提出了《中共中央关于经济体制改革的决定》，正式确立以城镇为中心的经济体制改革和发展模式。通过政策导向和国家经济结构的调整，劳动密集型产业发展进入爆发期，尤其是沿海地区的乡镇企业依托其自身的原材料优势发展迅猛，在人口不断集聚后形成了众多的小城镇，实现了跨越式发展，推动了城镇化水平的提高。随后国家相关部门先后出台新政，降低了城市和建制镇的设立标准，极大地推动了全国范围内城市和建制镇的发展。1985 年，公安部关于城镇暂住人口的管理规定政策出台，规范了城乡人口的流动，一定程度上刺激了农民进城的积极性。1989 年，国家明确提出“发展中小城市”的战略方针，这一政策极大地促进了新城镇的涌现和中小城镇的发展。从 1979 至 1991 年，我国城市与建制镇数量稳步提高，城市数量由 216 个增长至 479 个，建制镇数量由 2 361 个增长至 12 455 个。同期，城镇人口由 18 495 万人增长到 31 203 万人，城镇化水平也从 18.96% 增长至 26.94%，平均每年增长 0.665 个百分点（见表 3-3）。

表 3-3 1979—1991 年中国人口、城镇数量及城镇化水平变化情况

年份	总人口/万人	城镇人口/万人	乡村人口/万人	城市/个	建制镇/个	城镇化水平/%
1979	97 542	18 495	79 047	216	2 361	18.96
1980	98 705	19 140	79 565	223	2 692	19.39
1981	100 072	20 171	79 901	233	2 678	20.16
1982	101 654	21 480	80 174	245	2 664	21.13
1983	103 008	22 274	80 734	289	2 968	21.62
1984	104 357	24 017	80 340	300	7 186	23.01
1985	105 851	25 094	80 757	324	9 140	23.71
1986	107 507	26 366	81 141	353	10 718	24.52
1987	109 300	27 674	81 626	381	11 103	25.32
1988	111 026	28 661	82 365	434	11 481	25.81
1989	112 704	29 540	83 164	450	11 873	26.21
1990	114 333	30 195	84 138	467	12 084	26.41
1991	115 823	31 203	84 620	479	12 455	26.94

数据来源：新中国成立 65 年统计资料汇编。

在这一时期，农村经济体制和城镇经济体制改革相继推出，地方乡镇企业不断涌现，大量农民进城务工，新城镇不断兴起。“上山下乡”的 2 000 万知识青年和干部返城，沿海港口城镇开放，城镇化建设稳步向前迈进。这一阶段的城镇化发展仍然是政治因素主导的以经济发展为核心的城镇化进程中的探索，政府初步明确城镇发展的战略和规划，并在我国特殊的国情下建立了计划经济体制，相较以往的无章法、无体系甚至完全逆反经济规律的战略决策前进了一大步。同时，从 1979 至 1991 年城镇化发展虽然缓慢，但是期间为我国今后的城镇化进程和经济发展积累了经验并奠定了基础。

3.1.4 1992—2012 年城镇化高速发展阶段

1992 年，被誉为我国改革开放和现代化建设的总设计师邓小平南方谈话发表了有关改革开放的重要讲话，随后党十四大报告进一步明确了我国走改革开放的道路，标志着我国进入全面建设社会主义市场经济体制的新时期。随着改革开放力度的逐渐加大，经济发展迅猛，城镇化发展步入快速发展时期，全国上下呈现出开发区建设、城镇改造和大型城市建设等并行的特征。1998 年，中共中央在文件中第一次提出了“小城镇大战略”的问题。2000 年，党的十五届五中全会着重研究和讨论了如何推进城镇化建设等问题，并提出了积极稳步推进城镇化的发展战略。2000 年 6 月，《中共中央国务院关于促进小城镇健康发展的通知》对城镇发展战略做出了明确部署，我国城镇化发展进入快车道。进入 21 世纪后，国家不断加强市场经济建设，运用市场的力量推动城镇化发展，城镇化发展趋势不断向好。同时，政府提出了统筹城乡发展的策略，以期弥合城镇和农村之间的经济、城市建筑等方面差距，并协调好城镇和乡村在城镇化进程中的关系。其主要包括统筹城乡经济发展，合理配置经济发展要素，协调产业分工和产业互补的关系；统筹城乡社会发展，保证乡村的文化、教育、卫生、就业、社会保障等公共服务的供给。从 1992 年到 2012 年，我国实现了飞速的跨越式发展。城镇人口由原来的 32 175 万人增长到了 71 182 万人，城市数量和建制镇的数量在 2000 年前后达到数字的高点，尔后在全国统筹发展和协调下有所缩减，但城镇化水平在此期间仍一路高涨，从 1992 年的 27.46% 提高到 52.57%，平均每年增长约 1.24 个百分点，为新中国成立后城镇化发展水平最迅速的时期。表 3 - 4 所示为 1992—2012 年中国人口、城镇数量及城镇化水平变化情况。

表 3 - 4　1992—2012 年中国人口、城镇数量及城镇化水平变化情况

年份	总人口/万人	城镇人口/万人	乡村人口/万人	城市/个	建制镇/个	城镇化水平/%
1992	117 171	32 175	84 996	517	14 539	27.46
1993	118 517	33 173	85 344	570	15 805	27.99
1994	119 850	34 169	85 681	622	16 702	28.51
1995	121 121	35 174	85 947	640	17 532	29.04
1996	122 389	37 304	85 085	666	18 171	30.48
1997	123 626	39 449	84 177	668	18 925	31.91
1998	124 761	41 608	83 153	668	19 216	33.35
1999	125 786	43 748	82 038	667	19 756	34.78
2000	126 743	45 906	80 837	663	20 312	36.22

续表

年份	总人口/万人	城镇人口/万人	乡村人口/万人	城市/个	建制镇/个	城镇化水平/%
2001	127 627	48 064	79 563	662	20 374	37. 66
2002	128 453	50 212	78 241	660	20 601	39. 09
2003	129 227	52 376	76 851	660	20 226	40. 53
2004	129 988	54 283	75 705	661	19 883	41. 76
2005	130 756	56 212	74 544	661	19 522	42. 99
2006	131 448	58 288	73 160	656	19 369	44. 34
2007	132 129	60 633	71 496	655	19 249	45. 89
2008	132 802	62 403	70 399	655	19 234	46. 99
2009	133 450	64 512	68 938	654	19 322	48. 34
2010	134 091	66 978	67 113	657	19 410	49. 95
2011	134 735	69 079	65 656	657	19 683	51. 27
2012	135 404	71 182	64 222	657	19 881	52. 57

数据来源：新中国成立65年统计资料汇编。

1992—2012年，我国城镇化建设突飞猛进，并于2010年跃居世界第二大经济体，实现了经济建设和城镇化建设的跨越式发展。在此期间，政府以经济发展为中心，随着改革开放的程度不断加深，淡化了政治因素的主导，国家运行的焦点完全让位于经济发展。市场经济体制的确立，激活了社会各阶层的积极性，在政府以经济为导向的政策引导下，城镇基础建设规模不断扩大，从而带动了城镇化进程的加速。

3.2 社会管理的历史沿革

社会是由家庭、社区、群体等多个共同体组织联系起来的功能性的复杂系统，它与政治、经济、文化等多方面活动形式紧密相连①，而社会管理源自社会自身，是特定政治条件、经济状况和文化背景下的产物。社会管理不存在统一、稳定的模式，它总是与所处的社会环境和制度环境相适应的。社会在时间流逝的过程中不断变革和演进，社会管理活动也相应随着社会的变革而演变。我国社会管理随着所处时期的不同，以及政治、经济、社会形态等因素的影响，其管理的主体、客体、机制以及价值导向都发生了巨大变化，本书将其分为三个阶段：1949年以前的社会管理，1949—1978年探索期的社会管理，1979年至今发展与完善期的社会管理。

① 汪大海. 社会管理［M］. 北京：中国人民大学出版社，2013：8.

3.2.1 1949年以前的社会管理

自秦朝统一后，封建社会就正式成为我国历史上大统一后第一种社会形态，这种社会形态在随后的2 000多年一直深刻影响着社会管理的方方面面，并在这种社会形态的基础上产生和形成了一种适应性的社会管理模式，这种社会管理模式历时久远，尽管在清朝灭亡前后遭受到西方列强的武力侵略和西方民主思想的影响，但是仍未遭到根本性的动摇，这一管理模式一直持续到新中国成立前。这一时期的社会管理主要通过皇权、宗法和儒家意识形态对社会进行掌控，以维持社会的稳定，延续封建王权的统治。

在我国封建社会君主专制的中央集权时期，皇帝位于权力金字塔的顶端，其权力至高无上，统管着国家的一切。朝廷（政府）的权力涉及社会的每一个角落，国家和社会之间的关系只能是统治与被统治。尽管皇权无所不及，但是从权力实际运行的结果来看，在皇权集中的基础上进行了适当的分权，由此自上而下设立了行政管理机构，实行郡县制管理。而在更基层的行政区域，如县级以下，皇权的统治力大打折扣，在这个层级主要依靠宗族管理，所谓“国权不下县，县下唯宗族”即这个道理。这种政府和宗族的二元管理格局在我国延续了2 000多年，国家层面的社会事务，其社会管理主体是各级行政机关，如郡、县级行政。而对县级以下的社会管理则依靠宗族，宗族一般按照其宗法对社会问题进行裁定。政府与宗族互相配合、互相联系，构成了封建社会封闭、严密的社会管理网络。

儒学的思想也是封建社会统治阶级社会管理体系的重要组成部分，封建统治者有目的地将儒学上升为国学的境地，并对儒学加以弘扬和推广。儒学把“礼”和“德”作为社会管理的手段，用“礼”束缚民众的行为，而用“德”束缚民众的思想。儒家将对社会的管理等同于对人的控制，而对人的控制又归结为对人心的掌控。

封建社会的社会管理对象有社会教化、赈灾与社会救济、民政与基层社会组织、区域划分、婚姻与殡葬、调节民间纠纷等①，在专制制度下，其实质是为了实现社会的控制。但其也是统治阶级“仁政”的部分体现，如各类开仓放粱的官办救助很好地缓和了古代社会的部分社会矛盾，避免了诸多可能的社会动荡。同时，为了确保对社会的严密控制，我国古代社会先后采取了“连坐”和保甲制度，这种连带责任是古代我国社会组织方式的重要构成②。

---

① 汪大海．社会管理［M］．北京：中国人民大学出版社，2013：84.

② 张维迎，邓峰．信息、激励与连带责任——对中国古代连坐、保甲制度的法和经济学解释［J］．中国社会科学，2003（3）：24.

古代社会国家政权尽管在实行社会管理，但是真正独立的社会事务专管机构直到 1906 年才出现。在清朝末年，西方列强的入侵带来的不仅是物质，也同样带来了西方社会的一些社会管理思想，这种文化和思想的融入也一定程度上推动了我国现代化的进程，在社会管理层面上表现为民政部——我国历史上第一个独立的社会事务专管机构的诞生，其是清末的第二大部，仅次于外交部，它的出现将原本分散的社会事务进行了统一的归纳和整合。

到了近代封建束缚的社会管理仍没有本质的变化，政府阶级的统治随着当权者的更替并未发生任何改变，原有宗族的管理到了近代被各大家族所继承，也未发生任何改变。传统束缚的力量一直困扰着我国人民，经历外敌炮火和文化的入侵也很难在短时间内彻底消除。

这一段长时期的社会管理深受传统封建思想的影响，社会管理以“统治”为主要特征，社会管理主体呈现二元结构性，以皇权和宗族为主要社会管理主体。而社会管理客体单一和被动，社会管理的对象在封建的束缚下不允许发生变化，只能被动接受。整体社会的意识形态深受儒学思想的影响，“德”和“礼”分别从内心和外在行动束缚了民众，导致民众心智未开，因此 2 000 多年来尽管改朝换代，但是封建思想的束缚和统治还一直存在。

3.2.2　1949—1978 年探索期的社会管理

新中国成立后，我国的政治体制、经济体制以及社会结构和意识形态都发生了深刻的变革，届时的党和国家领导人面临毫无经验可借鉴的社会管理环境，只能尝试着摸索前行。

社会的意识形态对统治阶级进行社会管理和维持社会秩序有着重要意义，封建思想束缚了我国社会 2 000 多年，中国共产党经过千辛万苦推翻了封建王朝的统治，在马列主义和毛泽东思想的指导下取得了新民主主义革命的胜利，建立了新中国。因此，马列主义和毛泽东思想的推广和普及是党和国家的工作重点之一，而马列主义和毛泽东思想也在这个过程中深入人心，逐渐上升为国家的意识形态。毛泽东时期非常重视意识形态的建设，全国上下通过多种途径和活动形式开展学习马列主义的活动，并经常开展对封建思想的揭露和批判，新的意识形态逐渐走向成熟，而旧的意识形态就逐渐消亡。

新中国成立后，国家面临着人口众多、经济落后、资源稀缺、国内外反动势力仍不死心等复合性的社会危机，采取了高度集权、资源统一配置的全面控制型社会管理模式，这种控制模式对几乎全部的社会事务进行了管理和掌控。并且在城镇设立了“单位为主，街居为辅”的机制，在乡村设立了农村基层组织——“农村苏维埃”（1958 年后人民公社兴起，取代了“农村苏维埃”），国家政权对整个社会的干预从上到下，社会管理呈现垂直一体化特征。社会管理的主体只有国家，其他任何形式的组织都要受到国家的严格掌控，没有任何自治能力，各类民间组织实质上是党和政府的延伸。在城镇，大部分人依靠且只能依靠单位获取经济收入甚至一切社会资源，一旦脱离单位，他将丧失获得任何社会资源的机会，城镇中少数游离在单位之外的居民由街道办事处负责管理。在农村，国家通过“农村苏维埃”（人民公社）对农民进行户籍控制和管理。尽管在新中国成立初期，这种社会管理模式存在着效率、人权、公民参与等多方面的弊端，但是保证了新中国渡过初期生存的难关。

社会管理客体在这个阶段仍旧呈现出单一性和被动性特征，与封建体制下的社会管理客体特征本质相同。一方面，社会主义意识形态工程建设效果显著，民众摆脱封建思想束缚，信仰马列主义和毛泽东思想，一心追求社会主义物质建设；另一方面，民众普遍受教育程度不高，仍然延续长久以来封建社会所培养的臣民意识，对社会事务缺乏参与意识和权利意识，表现为被动接受。

新中国成立初期，新政权需要获得广大人民的信任和拥护，单靠意识形态的引导是不够的，必须有一些政策和手段取得立竿见影的效果，满足民众的基本生存需求。政府从土地改革入手，将土地分给公社，通过公社分配给人民。这一举措一方面剥夺了大量财产补充社会建设的财政漏洞，摧毁了宗族和乡绅在基层社会中的领导地位，打击了传统封建思想；另一方面实实在在地给予了人民福利，全面调动了广大人民的积极性。土地改革使原本传统封建体制下乡村社会封闭的权力结构解体，人民摆脱了宗族、乡绅的压迫，成为自己的主人，因此受到广大人民的拥护和认可。

在这个时期，我国采取计划经济体制和高度集权的政治体制，政府大包大揽了所有的社会活动，我国此时也被称为“全能国家”。这种社会管理模式的制度框架主要有以下三个方面：一是通过严格的户籍制度将城镇居民“捆绑”在单位，把农民束缚在公社，限制和杜绝人口的自由流动；二是具体烦琐、无所不包的计划制度，政府将所有的社会资源包括人、财、物都编制成明确、具体的计划，并要求严格地执行，从而控制整个社会的发展依照计划进行；三是事无巨细的审批制度，为确保社会活动的开展完全按照政府的预订计划进行，避免出现计划外的差池，政府的行政审批几乎涉及所有社会活动，大到国家大事，小到生活琐事。这个时期的社会管理以“控制”为主要特征，政府是社会管理的唯一主体，缺乏社会组织和个人的参与，社会组织仅名义上存在。管理者仅对上级负责，不需要也无主观意识为被管理者考虑。政府行为以国家暴力工具为后盾，如有需要可通过强制措施来实现管理目标。

3.2.3 1979 年至今发展与完善期的社会管理

党的十一届三中全会后，我国进入了改革开放的新时期。改革开放是社会生产力和生产关系再次相适应的协调，是社会深层次矛盾调整，是一场广泛而深刻的社会变革，它将引起政治、经济、文化、社会等各个领域深刻的变化，影响到社会活动的方方面面。社会形态由农业走向工业，从农村走向城镇，从封闭走向开放；社会资源分配由计划经济走向市场经济，充分发挥市场在资源配置中的主导作用；社会结构从同质走向异质，社会阶层、利益和价值越来越分化。

改革开放初期，管理体制改革的重点是经济管理层面，国家通过逐渐开放市场、放松管制，将市场能做的交由市场进行更有效率的操作。社会管理的改革随后才进入政府的工作日程，通过与西方发达国家的交流，我国政府也学习到许多先进的理论，政府组织通过专业化、功能性部门化的分工构建了一套自上而下的完整组织体系，不同部门分别承担不同的社会责任对接社会事务的管理，提高了社会管理运行的效率。

从社会管理的主体来看，市场经济时代社会管理主体呈现多元化发展趋势。政府仍然起着绝对的主导作用，但社会组织已不再是花瓶，社会组织经过多年的发展和政府的扶持，在逐步发展壮大，已经开始承接部分社会管理的职能，并在社会管理中发挥越来越重要的作用。而在改革开放前，政府是社会管理的唯一主体，全能型政府承担社会管理的一切事务，而随着社会管理职能的扩大和社会组织的发展，社会组织利用其专业优势参与社会管理，特别是在社会利益诉求的表达和社会矛盾化解等方面发挥着重要作用。

随着改革开放的逐渐深入以及市场经济的不断完善，我国社会管理的客体呈现出复杂性、开放性和能动性特征。首先，由于经济体制转型，原有的稳定的经济结构和社会结构将发生变迁；其次，城镇化进程的加速将会带来大量劳动力的转移；最后，随着对外开放的进程加快，世界政治体和经济体的变动将会对我国产生重大影响。因此，社会管理的客体受内部和外部因素的影响，并呈复杂性变化趋势。

开放性即随着我国与世界经济的融入，社会管理客体与外界沟通和联系将更加频繁和普遍。随着人民群众经济与文化水平的提高，他们更多地能积极主动地对社会管理做出反应，呈现出主观能动性特征。

社会在时间的长河里不断变化着，社会管理的理念也在与时俱进。从历史发展中来看，我国一直是一个重人治而轻法治的国家。从自古的皇权到改革开放前的个人权威，社会上一直存在权比法大的现象。具体到社会管理中，即决策程序缺乏制度化、民主化和科学化，随意性比较大，诸多事务上领导具有绝对决定权。然而社会主义市场经济体制建成后，我国开始了社会管理的制度化与法制化进程，党的十五大报告专门提出了“依法治国”的战略方针。自此，我国加快了立法和制度健全工作的步伐，在社会管理实践中，依据相关法律法规和程序管理社会活动、化解社会冲突，逐步实现社会管理的法制化。

社会意识形态方面，受经济快速增长、西方拜金价值观以及近年来信息爆炸性增长的影响，随着革命一辈的老去，马列主义和毛泽东思想已逐渐淡出了社会主流价值观，而新的核心价值观并未形成，随后而来的空白被拜金主义占据。现今诸多社会问题如食品安全、医患冲突、碰瓷等都与社会核心价值观的缺失有着直接联系。

改革开放至今的社会管理是“大政府，小社会”的管控型社会管理，其核心是重管理和控制、轻服务。政府仍是社会管理的唯一主导，社会组织参与社会管理，但政府与社会组织二元管理的结构并未形成。管理理念上仍然强调国家意志统领社会意志，我国虽然是无产阶级民主专政的社会主义国家，执政党代表人民群众的利益，总体上国家意志与人民意志一致，但是也会存在国家意志偏离人民意志的现象。管控型社会管理仍然存在部分“全能政府”的影子，其控制和管理并重而轻服务，因此存在过于强调程序和效率而忽视公平、政府管制成本过大、不能有效整合社会资源等缺陷，并且容易在实际操作中因公共服务的水平较低而引发社会矛盾。党的十八大报告提出了构建我国特色社会主义社会管理体系，形成党委领导、政府负责、社会协同、公众参与、法治保障的社会管理体制，这是对当前社会管理的总结、归纳和发展，具有重要意义。

3.3 城镇化与社会管理互动关系分析

3.3.1 城镇化与社会管理互为动力

城市是拥有自律权的整体，其拥有独特的政治和行政制度（韦伯，2005）①，城镇化的发展通常会带来劳动力转移、社会阶层的变动，数量众多的人群从乡村转移到城镇，城镇生活条件相比农村要好些，这部分转移人群的融入和适应城镇生活将是一个难题，而社会管理的重点就是人，因此社会管理的事务性工作将增多、社会管理结构将进行调整，以回应城镇化带给社会活动的各种影响，城镇化大大强化了社会管理的功能和作用。同时，城镇化是政府、市场、社会、企业等多因素共同作用的产物和结果②，市场的缺陷与政府本来的作用，又决定了健康可持续的城镇化需要社会管理的有效补充，社会管理为城镇化的有序推进提供了重要动力。

在城镇化进程中，社会经济条件会发生变化，这将给原先与之相适应的社会管理模式带来冲击和挑战，从而倒逼社会管理主体进行结构调整和管理创新。城镇

---

① ［德］马克斯·韦伯．非正当性的支配——城市的类型学［M］．康乐，简惠美，译．北京：广西师范大学出版社，2005：13.

② 崔功豪，马润潮．中国自下而上城市化的发展及其机制［J］．地理学报，1999（2）：106－115.

化是农业、工业和服务业产业发展与城乡空间布局不断调整的过程，产业的发展和城乡空间布局的调整也是一个人财物各类生产要素匹配的过程，社会管理需要做好生产要素协调工作，提供良好的社会环境以配合城镇化的推进。随着城镇化进程的加快，大量人口的引入以及信息快速传播时代公民意识的觉醒，传统“二元”特征下的就业、社会保障、公共服务体制将会承担越来越大的压力，社会管理将不得不考虑通过部分管理职责外包给社会组织以及社会管理转型来解决日益繁多的社会事务。由此可见，城镇化发展刺激和推动社会管理不断创新。

综上所述，在城镇化过程中伴随产业化和城乡空间布局的调整，会实现经济的发展，同时带来人口的集聚效应，推动社会管理结构的调整和社会管理创新。而社会管理的改善会提供更有效率的社会各项资源配置和良好的社会环境，引导人口的流动，为城镇化发展创造良好的条件，推动城镇化的发展。因此，城镇化与社会管理互为动力，相互促进。

3.3.2 城镇化与社会管理互为目标

城镇化是一项复杂的系统工程，它不仅包括城镇中心在地理上的扩张、城镇人口的增加，各项产业配合经济的发展，还包括人的社会行为的转变[①]，因此其必然涉及产业、空间以及人口等各项生产要素的互相联动和协调。而我国正处在社会转型期，经济社会进入矛盾频发期，其特征就是产业、空间和人口等各项生产要素之间本身存在着张力和矛盾。要实现健康有序的、物和人协调发展的城镇化发展目标，离不开社会管理的配合与支持。

社会管理自人类社会出现就一直存在，其伴随人类社会的发展而不断演进，经济的发展和人的价值的维护、提升和实现一直是社会前进的两个永恒不变的重要主题。社会管理的功能和存在意义就在于，一是社会整合，通过调控整合社会资源，既要防止社会资源的高度集中，又要防止社会资源的过度分散，使资源配给在经济社会运行中更具效率；二是再分配，社会管理也是一个对财富再分配的过程，以弥补市场失灵；三是社会参与，创造条件使民众能够参与社会组织，并通过社会组织实现公民和社会组织的参与；四是修复人类共同体，即修复和促进个体之间的联系，并在相同的价值观中结成一个自主自治的小社会领域；五是良性运行，社会管理的一个重要使命就是化解社会矛盾、维护社会稳定，从源头上避免社会动荡，保持社会良性运行。

根据上述分析，从一个较长的时间来看，城镇化的过程同时也就是社会管理不断发展的过程。城镇化不断推进，社会管理提供更具效率的社会资源分配和良

---

① 王鹤，尹来盛，冯邦彦．从传统城市化到新型城市化——我国城市化道路的未来选择［J］．经济体制改革，2013（1）：17－21.

好的人的管理和服务，从而同时达到物的城镇化和人的城镇化。而在社会管理创新和发展的过程中，城镇化与农业、工业等产业协同演进，促进了产业现代化和经济的发展，同时推动了农村人口向城镇的转移，并逐步实现了“农民”的“市民化”，最终实现了社会经济的发展和人的价值的提升，而这也正是社会管理的目标。可以看出，城镇化与社会管理的目标趋同，而城镇化的过程本身也就从属于社会管理的发展与变迁，因此城镇化发展与社会管理互为目标。

3.3.3 城镇化发展与社会管理变迁的匹配

经过前面的分析可知，城镇化进程与社会管理演进之间并不是简单的线性关系，而是一种表征关系，基于这样的认识，本书尝试对比城镇化发展与社会管理变迁的匹配（见表3－5），分析两者互动变迁过程中的动态匹配问题。

表3－5 城镇化发展与社会管理变迁的匹配

城镇化发展阶段	社会管理变迁历程
无	新中国成立前社会管理（1949年以前） 社会管理模式：封建统治型 社会管理主体：皇权和宗族二元结构 社会管理客体：单一性、被动性 社会管理理念：统治为核心，皇帝掌管天下的一切 意识形态：以儒家学说为主的封建束缚 时代特征：民众无人权，皇权凌驾法上
城镇化起步阶段（1949—1960年）	探索期的社会管理（1949—1978年）
城镇化发展模式：工业发展带动型 城镇化推动主体：政府 城镇化发展特征：政治因素主导下的经济政策推动，单纯出于经济发展和人民群众物质需求的满足 城镇化倒退与停滞阶段（1961—1978年） 城镇化发展模式：政治因素主导衰退型 城镇化推动主体：政府 城镇化发展特征：政治强制主导的逆城镇化，政治活动为主要因素影响的城镇化停滞，违背经济规律	社会管理模式：全能控制型 社会管理主体：政府一元结构 社会管理客体：单一性、被动性 社会管理理念：控制为核心，政府计划和掌控社会资源的分配 意识形态：以马列主义和毛泽东思想为主的无产阶级革命思想 时代特征：执政党代表民众利益，人民当家做主，法治建设起步
城镇化探索与稳步发展阶段（1979—1991年）	发展与完善期的社会管理（1979年至今）
城镇化发展模式：政府探索市场跟进型 城镇化推动主体：政府、市场 城镇化发展特征：国家工作重心转移到经济发展上来，产业结构调整合理，计划经济体制下政策明确，市场跟进促进新城镇和中小城镇发展 城镇化高速发展阶段（1992—2012年）	社会管理模式：管控型社会管理 社会管理主体：政府主导下的社会参与，二元结构尚未形成 社会管理客体：复杂性、开放性、能动性 社会管理理念：重管理和控制、轻服务 意识形态：拜金主义较为严重，无广泛认同的核心价值观 时代特征：市场经济体制出现，公民意识崛起，依法治国兴起

续表

城镇化发展阶段	社会管理变迁历程
城镇化发展模式：政府推动市场跟进型 城镇化推动主体：政府、市场 城镇化发展特征：市场经济体制下，以经济建设为中心的社会活动，政府强推大型和特大型城镇设施建设，市场勉力跟进但仍有不足	
新型城镇化阶段（2013 年至今）①	—
城镇化发展模式：市场主导政府跟进型 城镇化推动主体：政府、市场、社会 城镇化发展导向：经济活动交由市场主导，政府和社会进行补充，保持物的城镇化的同时，强调人与社会、人与自然、人与环境的和谐统一，注重以人为本，弥补和加速人的城镇化进程	

由前面分析可以看出：一方面，社会管理与城镇化两者之间存在联系与统一的关系，即相互条件、互相依存、互相渗透；另一方面，两者之间也表现出矛盾与对立的关系，即相互冲突、互相排斥、互相分离。

1949 年以前，社会管理还是处在封建皇权的统治下，而囿于科技和经济发展水平，城镇化的进程也无从谈起。因此，在 2 000 多年的封建社会，没有城镇化的出现，社会管理安于现状，也并未有任何的前进和发展。

新中国成立后，1949—1960 年，党和国家大力发展重工业，并通过土地改革着力提高人民的生活水平，工业化的发展推动了城镇化的进程。到了 1961 年，由于政治原因和产业结构不合理，政府违背经济规律强制主导了工业的衰退，政治活动成为国家的活动中心，造成城镇化的倒退和停滞。在 1949—1978 年这个时期，社会管理由政府全权负责，政府计划和掌控一切社会资源的分配。因此，这一时期的城镇化和社会管理都有着浓厚的政治色彩，政府一元结构的治理也缺乏纠偏机制，因此任何社会活动的开展均以政府和政治因素为主导。

1979 年，我国迎来新的发展契机，党的十一届三中全会确定了国家今后的发展战略，明确提出将工作重心转移到经济发展上，自此后直到 1991 年，国家产业结构调整合理，"上山下乡"的知识青年和干部返城，城镇化重新回到发展的轨道上。并且在计划经济体制下的政策支持和市场跟进也促进了新城镇的涌现和中小城镇的发展。从 1992 至 2012 年，我国迎来了改革开放的"春风"，在市

① 对中国传统城镇化的反思于 21 世纪初便散见于一些学者的研究，在这些研究中提出了新型城镇化的一些思想，但新型城镇化的正式提出仍要以 2012 年年底党的十八大报告和中央经济工作会议为标志。自此国家层面正式提出了新型城镇化的战略转型，并对新型城镇化的核心概念和发展趋向进行了一定的阐述，包括以下几点：摒弃政府强制推动和盲目造城；注重经济发展和产业支撑的基础作用；强调对人的服务和尊重，加速"人的城镇化"；注重人与自然、人与社会、人与环境的和谐发展等方面。新型城镇化发展时间较短，因此理论框架和政策框架仍在不断调整、发展和完善中，但新型城镇化起始时间为 2013 年无较大争议。

场经济体制下，市场的活力被逐步激发，而政府工作的重心一直放在经济建设上，并且以政府为主导强行推动大型和特大型城镇的设施建设工作，在国家财政支持和利益的驱动下，市场也跟进推动城镇化的进程。1979 年至今的社会管理，是以管理和控制为主、服务为辅的管控型社会管理，社会管理主体以政府为绝对主导，社会组织适当参与。在市场经济体制下，市场主要负责社会资源的分配，国家干预逐渐减少。在这一时期的社会管理和城镇化活动中，政治因素逐渐淡化，经济发展占据了社会管理和城镇化进程的主要内容。

2013 年，政府明确提出了新型城镇化的概念，其核心是“以人为本”。基于前文的分析可以看出，2013 年以前，城镇化的发展都是“以物为本”的、片面的、不可持续的城镇化。与新型城镇化相对应，因此可称 2012 年以前的城镇化为传统城镇化，传统城镇化重速度轻质量、重政府主导轻市场推动、重规模轻服务，从而衍生出土地城镇化、有城无市城镇化以及半城镇化和黑色城镇化等种种非健康的城镇化形态。这些非健康的城镇化形态也派生和引发了诸多社会问题，如人口无序流动、城中村、空城、暴力拆迁、维权抗争等。从改革开放延续至今的社会管理重围堵轻疏导，强调管理和控制，忽视通过服务来疏导社会矛盾。由此来看，自新型城镇化提出后，现今的社会管理已不能适应新时期的要求，本书将其称为传统社会管理。为进一步分析，我们引入一个城镇化与社会管理互动模型（刘金发，2014）（见图 3－2）①。

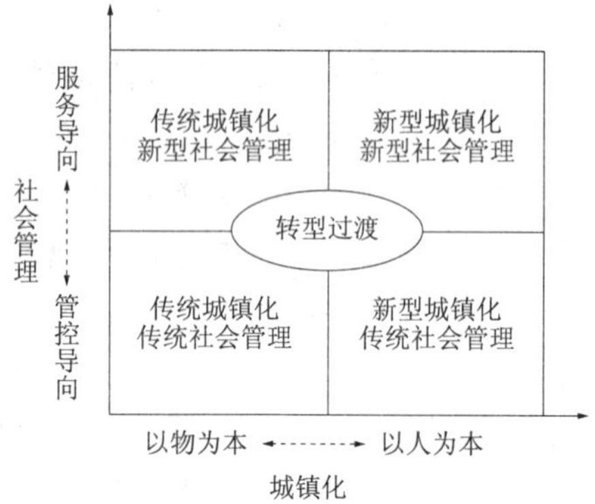

图 3－2　城镇化与社会管理互动模型

城镇化按照“以物为本”和“以人为本”可划分为传统城镇化和新型城镇化，而随着公民意识的觉醒和多元社会管理主体的潮流来临，政府应逐步放权，将部分社会管理职责交由更具效率的市场和社会来完成，完成由管控向服务的转变，因此社会管理按照“管控导向”和“服务导向”可以分为传统社会管理和

① 刘金发．城镇化与社会管理：从“双传统”到“双新型”的动态关系演进［J］．中共天津市委党校学报，2014（2）：65.

新型社会管理。“传统”和“新型”两个不同阶段的城镇化和社会管理有着不同的价值理念、发展规划和工作重点，因此当不同类型的城镇化与当时的社会管理结合时，对整体的经济与社会的发展和稳定有着不同的影响。

传统城镇化与传统社会管理的搭配，将会降低经济社会的发展速度，并使得原本存在的社会问题叠加产生共振，非但不能化解社会矛盾，反而加剧了社会矛盾的激化，对社会秩序造成破坏，严重引起社会的断裂。新型城镇化与传统社会管理的搭配，虽然可以增强公民的福利水平，但是社会管理的滞后将延缓和阻碍城乡一体化的进程与农民“市民化”的推进，导致社会发展利益分配不均引起社会冲突，最终延缓经济的发展。传统城镇化与新型社会管理的搭配，可以通过社会管理质量的提升来缓解传统城镇化引发的社会矛盾，但随着传统城镇化的推进，其引发的社会问题将不断增长，社会管理逐渐疲于应付日益增多的社会问题，并最终造成社会管理成本高涨和社会管理质量下降的恶性后果。只有新型城镇化与新型社会管理进行搭配，才能实现两者价值层面和工具层面的有机结合，维持社会稳定的同时实现经济、社会与人口的和谐发展。

3.4 小结：新型城镇化呼吁社会管理转型升级

新型城镇化摒弃原有简单的城镇人口增加和城镇扩张的物的城镇化，对传统城镇化进行摒弃，追求人与城镇的和谐发展。新型城镇化以社会公平为导向，致力于改善民生，是以人为本的城镇化。而现今的传统社会管理仍然停留在管理和控制层面，忽视对人的尊重和服务。传统社会管理是主体单一的、硬性的、片面的、消极被动的社会管理，无法与新型城镇化有效匹配和互相促进。因此，在国家城镇化战略进行调整，对传统城镇化进行了反思和修正，提出新型城镇化战略的新时期，传统社会管理从理念、手段和机制各方面落后于新型城镇化的要求，延缓和阻碍了经济和社会的发展。新时期，社会管理急需转型升级，与新型城镇化互相配合、互相促进，以实现两者的互相作用双螺旋演进。

4 新型城镇化进程中社会管理碎片化与社会质量低水平化问题分析

承前文，当今社会管理已然落后于新型城镇化的需求，新型城镇化也对社会管理提出了要求和挑战，社会管理迫切需要转型升级成为新型社会管理，以再次与城镇化形成良性互动的结合，从而进入社会与经济发展的良性循环。因此，结合本书的分析框架，本章从宏观整体性治理的缺失和微观社会管理问题导致社会质量较低两个层面，对新型城镇化进程中社会管理的问题进行分析、归纳和总结，为建议和对策的提出奠定坚实的基础。

4.1 社会管理碎片化的问题分析

4.1.1 碎片化的诠释

在前文中，本书提到和阐述了整体性的对立面就是碎片化，碎片化（Fragmentation），字面的意思是完整的东西破裂成若干碎片，现被广泛运用到技术领域、政治领域和社会领域等。如在技术领域中，碎片化指磁盘碎片问题；在社会领域中，碎片化多指基层的多元化和分裂化问题。碎片化在诸多学者研究的不断深入中被赋予了更多不同的含义。理查德（1981）从政府体制层面定义碎片化的问题，他认为碎片化是指“由于政府职权边界的增值与政府职能的划分产生的复杂状况”①。奥斯特罗姆（2004）从公共经济组织的层面来定义碎片化，他认为碎片化是“某一种特定公共服务管理主体的集体消费单位的数量”②。本书主要从公共管理和社会管理的维度来考察和研究碎片化，因此本书认为，碎片化主要指政府在权力、功能、资源和制度等方面存在数量上的大量碎片和地域与功能上

① Richard Dagger. Metropolis, Memory and Citizenship [J]. American Journal of Political Science, 1981: 724.

② [美] 奥斯特罗姆，等. 美国地方政府 [M]. 井敏，陈幽泓，译. 北京：北京大学出版社，2004: 131.

的严重交叉重叠①，且在公共政策和计划中缺乏沟通与协同。同时，政府组织的权力、功能和资源被诸多机构和部门分割和裂解，形成大量碎片，从而导致政府组织体系的分裂，不利于政府组织部门间的沟通和协作，降低了政府的工作效率。

希克斯（2002）认为，政府组织在手段和目标间矛盾和冲突的关键不是“分化”（Differentiation）和“专业化”（Specialization）的整体组织内的问题，而是组织间的问题②。韩保中（2009）对其进行了进一步的阐释，指出，碎片化是功能和职责分工不同的专业性政府组织和机构之间，彼此无法进行有效的沟通、协调与合作，形成各自为政、互不联系的局面，导致无法有效处理跨职责权限的棘手问题③。

在功能分工的原则下，政府组织之间的隔阂和距离都有可能导致碎片化的产生，希克斯将碎片划分为了两种类型④：

第一种是无意的碎片化。无意的碎片化指碎片化的发展或结果并非属于预期中的结果（Unanticipated Consequences），不是政府的主观本意。其成因包括管理和预算控制的焦点在政策输入层面上；问责的要求；顾客导向的政府；功能性政府组织的策略决定；民主压力要求下的公共服务。

第二种是故意的碎片化。故意的碎片化是指碎片化的结果是由政府私心自利所造成，是政府故意而为之。其成因包括政治人物、行政机关组织及人员的有意控制；专业性的垄断与独占；掌控范围的刻意极大化。

4.1.2 碎片化的社会管理失灵

依据功能划分的原则，每个专业性的部门都有独立的领域、价值和目标，这将引起部门间的隔阂和矛盾，使部门间的资源难以有效整合，进而影响了组织整体目标的实现。在这种情况下，将出现碎片化的政府社会管理失灵，其主要体现在两个方面⑤：

第一，有关政府内部管理的，囿于官僚组织领域边界的不确定性，碎片化的政府组织将忙于处理“边界事务”引发的冲突，这将导致效率的降低和资源的

---

① John J. Harrigan, Ronald K. Vogel. Political Change in the Metropolis [M], London: Longman. 2000: 1.

② Perri 6, Diana Leat. Kimberly Seltzer and Gerry Stoker. Towards Holistic Governance: The New Reform Agenda [C]. New York: Palgrave Macmillan, 2002: 166.

③ 韩保中. 全观型治理之研究 [J]. 公共行政学报, 2009 (31): 1-48.

④ Perri 6, Diana Leat. Kimberly Seltzer and Gerry Stoker. Towards Holistic Governance: The New Reform Agenda [C]. New York: Palgrave Macmillan, 2002: 168.

⑤ 叶托，李金珊，杨喜平. 碎片化政府：理论分析与中国实际 [J]. 中共宁波市委党校学报, 2011 (2): 42-48.

浪费。唐斯（2006）最早提出了“领域”的概念，并在研究中界定了官僚组织的部分裂解的现象。他认为，官僚组织的功能性和专业性分工将政策空间分割成了大小不一的领域带，而现代官僚组织的重要特征就是其领域边界的不确定性，这种不确定性源自现代社会系统复杂的互相关联和依赖。这种边界的不确定使组织内部对政策空间的争夺从未停止。“边界冲突”不会威胁个体组织和整个官僚组织的生存，但囿于这种不确定性的存在，每一个个体组织对发生在边界附近甚至是“无人区”的事件特别敏感，这种敏感将推动个体组织间的不断冲突，尽管从整体上来看，其个体间的关系仍是以合作为主①。

第二，有关公共服务的供给，与碎片化政府组织伴生的传统决策模型难以有效处理棘手问题。Leach 等（2001）研究认为，传统决策模型存在三个主要缺陷：一是决策过程的单线性，传统的决策过程具有问题界定、政策制定、政策执行和最后的政策评估四个步骤的单线流程，难以真实反映和描述复杂的决策过程；二是单独部门的决策视角，在政府组织碎片化的状态下，部门对问题的界定以及政策制定通常仅考虑个体组织的立场和利益，而对政策的执行也往往依靠本部门的力量和资源；三是政策的一次性，部门将每一次政策问题的解决、政策的制定都视为独立的政策，互相之间无任何联系，每次决策过程都重新展开②。现实中的社会问题并不是依照学科或专业界限而来的，诸多棘手社会问题往往跨越多个部门的专业界限和领域，单个部门不能有效单独处理和解决这一问题，因此传统决策模式遇到现实社会问题容易陷入困境。

4.1.3 我国社会管理的碎片化

碎片化的社会管理在我国不是一个新问题，早在新中国成立后，部门划分的问题就一直困扰着政府管理体制建设。计划经济时期，国家采取高度集权和资源统一配置的全面控制社会管理模式，权力和资源均集中在中央政府，由中央政府分散到各部委，形成各自为政的分裂局面，也带来了自上而下的“纵向分割”问题。改革开放后，随着市场经济的建设不断推进，中央政府将部分权力和责任逐步下放给基层政府，而带来的问题是将自上而下的“纵向分割”问题转化为基层的“横向分割”问题。进入 21 世纪后，社会问题的复杂性、多发性日益凸显，社会管理建设的相对滞后使“部门分割”的问题越发明显。当今政府在努力发展经济建设的同时，面临着日益严峻的社会管理局面，迫切需要摒弃碎片化

① ［美］安东尼·唐斯．官僚制内幕［M］．郭小聪，等，译．北京：中国人民大学出版社，2006：230.

② R. Leach，J. Percy Smith. Local Governance in Britain［M］. New York：Palgrave Macmillan，2001：187 - 191.

社会管理体制。从一定意义上讲，国家近年来推行的“大部制”改革便是对碎片化的一种回应，是应对社会需求和社会管理创新的必然选择。我们从政府组织的权力和资源层面、功能层面、制度层面和政策制定与执行层面来探讨我国社会管理的碎片化。

1. 权力与资源的碎片化

权力与资源的碎片化不仅存在于政府组织内部，也同样存在于政府组织与社会合作的层面上。从政府组织内部来看，政府组织拥有极大的权力和丰厚的资源，但都是零碎的、分散的，缺乏有效的整合。一方面，从部门分工层面来看，政府组织面临的公共事务日益复杂化，其处理涉及多个相关部门，如何协调部门之间的复杂关系，加强部门间的沟通，厘清各部门在具体公共事务上的权力和资源层面的分配问题，从而有效整合权力和资源的裂解，最终处理和解决公共事务，则是一个较为突出的问题。另一方面，从基层政府层面来看，地方政府过分关注和强调“横向分权”问题，经常采取归属地管理方式，忽视基层政府间的跨界合作，致使权力和资源缺乏有效整合，不能实现府际的联动机制。对于政府与社会的合作层面，社会的权力和资源分布具有典型的碎片化特征，尤其第三部门的资源是分散的。因此，政府与第三部门展开合作时，政府的权力和资源需分散到与第三部门的合作事务中，而这种合作就很可能导致政府权力和资源的碎片化。

2. 功能和服务的碎片化

传统公共行政范式下功能分化产生了部门主义，其强调专业化的分工和效率，忽略了纵向和横向的整合。新公共管理将竞争机制引入政府管理，却忽视了部门间的沟通与协调，留下了碎片化的制度结构①。此外，政府部门功能的分割拖累和阻碍了政府决策目标的达成，最终使自己陷入政策效果不佳的困境。希克斯在其研究中指出，在新公共管理的思潮影响下，政府组织体制改革也将趋向于功能分化的政府组织为主要特征的政府组织碎片化状态和市场经济体制取向②，从而致使功能的碎片化和服务的裂解将更加严重，公共责任也将模糊化。

3. 制度的碎片化

在政府组织社会管理实践中，各部门并未就社会管理达成共识，其根本原因是政府组织的管理制度和理念存在碎片化。各个专业化部门以及各级基层政府组织在设立其部门操作原则和管理制度时，往往从自身角度出发，以实现本部门和组织的利益最大化为最终目标。尽管这些制度和原则的设立同样具备科学性、合理性和可操作性，能够处理一部分程序化的社会事务，但是这些制度和原则的多

---

① Sylvia Horton, David Farnham. Public Administration [M]. New York: Palgrave Macmillan, 1999: 251.

② 林水波，李长晏. 跨域治理 [M]. 台北：台湾五南图书出版公司，2005：64.

样性却直接导致了碎片化问题的产生。致使这些组织在面对棘手问题和突发问题时，无法突破制度的障碍进行有效的沟通和协调，组织间无法进行有效配合，甚至可能出现相互牵制和“踢皮球”现象的产生，最终使组织无法正常发挥和行使其职能，社会问题也未能得到有效解决。

这些碎片化的制度和原则具有很大的危害性，其影响政府整体组织无法形成系统、科学、统一、合理的利益分配与协调机制，导致各部门和组织间存在着接连不断的利益冲突和沟通障碍。在这种碎片化的体制内，各部门和组织以满足自身需求为出发点，追逐自身的利益，使利益冲突不断激化，从而遇见棘手的公共事务处理需要涉及跨部门、跨区域的协作时，组织间就很难达成共识——进行有效的整体性治理。

4. 政策制定与执行的碎片化

政府组织政策的制定与执行过程中也存在碎片化。一方面，中央各部门和各级政府组织出于自身利益考虑，对某些特定信息进行封闭、隐瞒和垄断。从而导致部门与组织之间缺乏畅通的信息交流渠道，进而产生信息孤岛现象，进一步阻碍了部门与组织间的信息共享和协作，破坏了政府组织的整体性和统一性。另一方面，各部门和组织在信息不完全下做出的政策制定必然存在一定程度上科学性和周全性的缺失，无法建立一个统一、有效的政策体系。同样，在这种缺乏沟通与协作的情况下，政策也无法得到有效的执行。此外，缺乏全面、系统和开放性的思想与眼光也大量存在于政府组织政策制定和执行的过程中。执政者仅考虑组织内部资源和权力的运用，最终制定出符合自身利益的政策加以实施，这一“地方主义”加剧了政府组织政策制定与执行过程中的碎片化形成。利伯索尔等（1992）研究认为，我国的公共政策通常情况下由政府有关部门共同参与、协商制定，部门间、同级政府间、上下级政府间在谈判中争论、讨价还价、妥协，最终达成共识，形成一份公共政策，整个政策制定的过程实际上是不同利益主体间互相博弈的过程①。碎片化的决策过程致使决策成本升高、决策周期变长、决策过程的效率低下，大量时间、成本和资源被浪费在组织间的互相推诿、扯皮和利益争夺中，还往往带来最终政策的扭曲、变形甚至失效。

4.2 社会质量低水平化问题分析

从社会质量的理论来看，如今我国的社会管理存在社会质量较低的问题。在社会保障维度中，社会管理重管控轻服务，社会公共服务存在缺失；在社会凝聚

① Kenneth G. Lieberthal, David M. Lampton. Bureaucracy, Politics and Decision-making in Post-Mao China [M]. California: University of California Press, 1992: 49.

维度中，社会管理重经济轻人文，单纯追求物质财富的增长而忽略社会核心价值观的构建；在社会包容维度中，社会管理重短期轻长效，惯用通过行政手段解决眼前问题，被动进行社会管理，忽视社会管理法制的建设，同时社会管理法制缺乏主动创新机制，惯性落后于社会管理的需求；在社会赋权维度中，社会管理重政府轻社会，社会管理主体单核心的传统社会管理格局仍未打破，社会组织和公众参与存在缺失。本节将聚焦于社会质量的低水平化问题，分析社会管理中存在的弊端。

4.2.1 硬性的社会管理：重管控轻服务

硬性的社会管理主要是指我国社会管理的越位、政府职能转变的缺位和社会保障体系的不健全三个方面。社会管理的越位是从计划经济时代遗留下来的管制思想，社会管理实践中政府仍然重“控制和管理”而轻“服务”。而随着时代的发展，我国也意识到改革的必要性，但处在转型期，政府职能转变仍然存在缺位的现象，并且社会保障体系也未发展健全。

1. 社会管理理念的越位

早在计划经济体制下，政府认为社会的一切事务都将由政府生产和提供，将社会事务完全国家化，并认为这是社会主义优越性的体现[①]。这一时期的社会管理具有强烈的政治色彩和控制取向，所有社会事务无论大小均通过政府及其延伸机构进行控制和集中管理，实行政府、企业和社会一体化，政府用行政化的管理方式对社会事务进行全方位的统一管理和分配。

尽管这种社会管理方式在新中国成立初期起到了重要作用，但是随着时代的发展，它已渐渐不适应我国的基本国情。改革开放后，我国已经改变了原有计划经济时代的管理格局，力图发展新时代的社会管理新局面。但全能政府控制的理念和意识已经形成多时，在人的内心留下了深刻的认知，因此我国的社会管理到现在仍然存在越位的现象，政府将权力集中在自己手中，过于干预社会事务。其具体体现为多种社会事务的进行都需要各级部门的层层审批和政府的允许，在处理社会矛盾的过程中，惯性采用行政手段甚至暴力手段强制执行和解决问题，而忽视通过群众参与、友好协商的处理方法。这种手段单一、粗暴、简单的社会管理导致服从大于参与，人治大于法治。

此外，政府在社会管理中注重全面管理，忽视合作。政府垄断拥有大量社会资源，在社会管理中面面俱到，既作为公共产品的生产者，又是公共产品的供应者，还是社会风险的承担者。政府的大包大揽挤占了其他主体发展和参与社会管理的空间，并且导致政府处理社会事务过多，无法集中资源处理重要事务，增加

① ［美］阿兰·G·格鲁奇．比较经济制度［M］．徐节文，译．北京：中国社会科学出版社，1985.

政府成本的同时降低了政府管理效率。

2. 政府职能的缺位

新中国成立后的第一个社会管理模式是政府以计划为手段管理纷繁复杂的所有社会活动的全面控制型社会管理，在当时的计划经济体制时期，全能型政府无所不能，政治、经济和社会已然一体同构，社会成为国家的行政附属。当时的社会完全依赖于政府，缺乏自我管理和发展的能力，政府与社会自治关系失衡。改革开放后，我国社会管理已经转型，政府职能也发生转变，已与当前的市场经济体制相适应，但这种失衡的局面依然没有得到明显改善。

一方面，政府逐渐退出了部分社会管理领域，并且随着社会的转型，政府不再过于强调对人的控制和管理，同时单位制的打破也让政府不再全面控制每个社会个体。这种情况的转变让政府在社会管理方面的职能出现了空缺，无法良好地对社会事务和社会成员进行有效管理。

另一方面，政府的公共服务职能存在缺位。现阶段，我国财政主要体现为经济建设性财政和生产投资性财政，各级政府所掌握的大量公共资源仍然投向经济建设领域，而对于社会公共服务领域的资源投入则较为欠缺，所以其公共服务的职能就略显薄弱。

3. 社会保障体系不健全

近年来，我国在社会保障领域进行了诸多改革和投入，也取得了一些成绩，但仍然存在些许问题。如社会保障的内容仍然难以满足人民的需求、公正与公平的理念贯彻不到位、财政投入仍有所欠缺和社会参与不足。

（1）社会保障体系覆盖面不够广泛。我国社会保障的主要对象是城镇居民，由于户籍制度和城乡二元结构的存在，农村居民与进城务工的农民工群体并未被社会保障完全覆盖。同时，社会救助所涉及的救助范围也将农民工群体排除在外。工伤、生育、失业、医疗、养老的保险项目也是以城镇居民为主要对象，农村的最低生活保障制度仍十分滞后。

（2）社会保障体制不完善。社会保障存在部门分割和地区政府各自为政的现象，由于社会保障的地区界限和保障范围不够明晰，部门和地区政府间存在互相推诿的现象。没有系统和完善的社会保障管理体系，不利于社会保障统一管理的有效开展。此外，全国社会保障基金的管理不够透明和严格，公民的知情权没有得到体现，缺乏有效的监督机制。

（3）社会保障制度建设不健全。首先社会保障的项目设计不够完善，已不能满足我国现阶段社会发展中的人民需求，并且覆盖范围不够广泛。同时，社会保障的资金来源比较单一，社会保障财政投入机制仍然有待健全，由于缺乏社会力量的介入，因此资金的运转效率较低。此外，社会保障的法律法规建设仍然有待加强。

4.2.2 片面的社会管理：重经济轻人文

片面的社会管理是指我国过于强调经济的发展而忽视社会的同步发展，时至今日，整个社会缺乏一种广泛认同的健康核心价值观，由此造成社会意识形态的紊乱。自改革开放以来，我国政府为加快建设社会主义强国和满足人民群众日益提升的生活水平需求，一直奉行着“发展经济，注重效率”的执政理念。因此，各级政府和部门在社会管理实践中“重物质轻文化，重经济轻社会，重效率轻公正”。但经济发展到一定水平，物质生活需求被一定程度的满足后，经济发展最终目标的问题便会提及，人与社会发展的问题则必然会出现。在市场经济建设不断深入，带来巨大的经济利益同时，人们也付出了代价，就是社会和经济发展关系的失衡。各级政府过于盲目追求 GDP 的增长，将“发展是硬道理”曲解为“经济增长是硬道理”。社会建设的滞后已经给我国的整体发展带来了诸多问题，社会各阶层对立，社会矛盾频发，人与人之间缺乏信任。这都可以归咎为我国现阶段的社会发展中意识形态建设出了问题，政府社会管理忽略了社会核心价值观的建设，由此造成社会凝聚出了问题。其具体表现为以下几个方面：

1. 价值观多元化影响社会核心价值观的形成

理论指导实践，思想决定行动。我国是社会主义国家，应该贯彻马列主义、毛泽东思想、邓小平理论、“三个代表”和科学发展观等一脉相承的指导思想，坚持社会主义的价值追求，并由此为核心形成广泛认同的我国特色社会主义核心价值观。随着我国社会经济社会的转型，社会环境越来越呈现开放性，各种多元价值观和社会思潮纷涌而来，人们的价值观逐渐呈现多变性、选择性和差异性，致使思想上的差别越来越大。这将导致多种差异性的价值观之间发生互相碰撞、摩擦甚至是冲突，使人们在行为处事和价值追求与判断方面出现迷惘、犹豫和无所适从。我国现今正处在转型期的关键时刻，社会阶层不断分化、利益格局也发生深刻的变革，各利益主体也日渐呈现出分散性和多样性，这也对人们的价值取向产生了较强的影响，极端个人主义、享乐主义和拜金主义等腐朽思想滋生与扩散，侵蚀人们的思想观念。人们面临社会多元的价值观念和复杂的社会思潮影响，容易受错误的价值观引导，做出错误的选择，尤其对青少年的影响更为强烈，而这些错误价值观在社会中的存在和扩散不利于我国特色社会核心价值观的形成，同时也是引起我国社会问题频发的一个主要因素。

2. 全球化冲击社会核心价值观的形成

在全球化进程中，世界各国间的经济文化交流日益增多，对我国经济增长和社会发展提供了机遇的同时也对我国的思想、文化和价值观带来了冲击。各种西方社会思潮和资本主义意识形态的东西涌入国内，其中既有积极的思想观念，也存在消极的价值追求，对我国原本封闭、简单的意识形态造成巨大影响。一方面，我国尽管跃居世界第二大经济体，但是经济并不发达，世界交流中处于经济劣势，对国民的自信心会有所影响。资本和生产要素早已在全球范围内流通，世界已成为一个有机经济体，以美国为首的发达国家利用自己产业链顶端的优势，通过控制信息网络和经济网络等手段，强迫他国遵守有利于自己的“游戏规则”，主导全球化经济的发展方向和进程。这些发达国家在对外宣传中注重体现自己物质生产和生活的优越性，必将使部分人产生对外的盲目崇拜，认为“外国的月亮比我国的圆”，影响我国社会主义信念的形成。另一方面，全球化在一定程度上削弱了国家和民族的概念，影响和淡化了我国国民的国家意识和民族意识。西方国家在鼓吹全球公民社会等理论价值的同时，通过电影、歌曲等文化交流的方式，对我国的意识形态领域进行入侵。而一些民众已然受到影响，开始片面否定我国的本土文明，崇尚西方文明价值。全球化进程的不断深入给我国的意识形态建设提出了巨大的挑战。

3. 市场经济对社会核心价值观有消极影响

改革开放后，我国实行社会主义市场经济体制，市场经济有效调控了资源的配给，推动了我国经济社会的发展，但其带来了一些消极的因素，影响了我国社会核心价值观的构建。首先，市场经济是逐利的调配机制，鼓励经济个体从经济利益的角度考虑决策，必然会强化个体和组织决策制定的逐利性。社会上的各大小经济主体会因为经济利益而不断产生摩擦和纷争，为满足自身的逐利需求，不顾他人和社会的利益，淡忘长远利益、整体利益和国家利益，将自己的社会价值和社会责任抛在脑后，甚至采取违纪违法的手段，最终走上唯利是图的不归路。在当今社会上，食品安全和卫生问题频发就是此类群体的典型案例。其次，一些国家行政人员和党员干部也受这些消极因素的影响，将市场经济体制的交换原则应用到国家政治和社会管理中，造成了极坏的社会影响。其具体表现为，某些官员以国家和人民赋予的权力为筹码，处理社会事务时与其他利益个体进行交换，赚取个人利益。寻租行为的产生，严重影响了党和国家的形象，也损害了人民的利益。最后，由于现行的制度设计仍存在部分缺陷，对好人和好干部没有有效的激励和保护机制，因此正面的社会行为也缺乏激励因素。上述原因制约着社会核心价值观的构建。

4. 社会主义价值认同的缺失

自新中国成立起，我国就十分注重社会主义信念和价值认同的宣传和教育，遵循马列主义指导思想的同时，在全国树立社会主义理想和信念。但面临转型期新的社会环境，加上多种因素的影响，对社会主义价值的认同存在部分缺失，部分人民甚至对社会主义信念产生了动摇。一方面，西方思潮的涌入和一些腐朽思想的入侵，带动了我国原来长期存在的封建主义思想的涌动，这些不良价值信念对人们的道德观念和价值取向产生了影响。另一方面，发达国家的经济优势在我国广为宣传，隐藏了其社会的阴暗面，但这片面的宣传也影响了我国民众的信念。同时我国加强廉政建设，不断抓出的腐败事件也让一些人产生了信念上的动摇，忽略了转型期的阵痛是社会主义发展的必经之路。这些种种因素交织在一起动摇了民众对我国社会主义价值的认同。

4.2.3 消极的社会管理：重短期轻长效

消极的社会管理主要指政府社会管理的法制化建设滞后，并且各级政府和部门自身也缺乏主观能动性，较少通过主动增加制度供给和制度创新来规范和进行社会管理，在实践中惯性使用一次性的行政手段处理社会事务，重视短期的效果，而忽略了通过制度的健全和规范形成长效的制度约束。在长期的社会管理实践中，经济建设一直是我国政府工作的重心，政府投入大量的精力和资源，因此自然而然地忽略和延缓了其他方面的发展进度。当前，社会管理法制化建设就存在着缺失。

1. 社会管理的法制化建设滞后

新中国成立后，我国就逐步确立了依法治国的战略方针，改革开放后，我国法制化进程不断加快，2004 年，国务院出台了《全面推进依法行政实施纲要》，标志着我国政府依法治国进入新的发展阶段。长期以来，我国在立法层面、执法层面和执法监督层面都取得诸多成绩，政府的法制化建设也在有序向前推进。但社会管理的法制化建设内部各方面进展不均衡，依法行政、依法管理的制度依据仍有缺失，执法监督机制也未健全。随着经济社会的发展，我国已处在第三次变革的关键转型期，社会事务更加纷繁复杂，社会管理的法制化建设已然落后于现实社会管理的需求，这些问题亟须解决，否则将影响和延缓我国经济社会的长远、可持续发展。社会管理的法制化建设滞后主要体现在以下三个方面：

（1）行政立法滞后，缺乏可操作性。首先，自新中国成立以来，我国在法制化建设过程中颁布和出台了大量的法律法规等，但随着经济社会的发展日新月异，社会事务复杂性和变异性日益凸显，导致行政立法远不能满足实际社会管理的需求，诸多领域仍然存在法律层面的空白和漏洞，给依法进行社会管理带来了困难，也给违法者可乘之机。其次，行政立法体制不健全，没有树立起法制统一的概念。发展至今，我国的行政立法权归属问题及相关制度已基本形成，但关于立法权限的划分仍无明确、具体和统一的解释和规定。各级政府和部门都享有立法权限，于是制定了为自己考虑的规范性文件，由此带来了诸多法律制度层面上的冲突。诸如不同层次的行政法律规章之间相互矛盾，下级立法主体超越自身权限立法，同层级立法主体出台和颁布的行政法律法规互相矛盾等事件屡有发生。最后，已制定的法律规章缺乏可操作性。一方面，一些法律规章规定内容太过原则性，自由裁量度过大，面临有的问题难以定性，对立双方在执法中各执一词时，缺乏可操作性。另一方面，有的法律规章出台太过草率，可行性论证不够充分，以至于脱离实际，致使其一出台就成为一纸空文被束之高阁。

（2）行政执法体制不合理，执法人员素质有待提高。一方面，我国行政执法权限分割与碎片化特征明显，执法主体较多，同时执法机构设置也存在问题。前文也有所阐述，我国主要以专业化和职能进行部门分工，因此也导致了执法的权力分散存在于众多各级行政主体和职能部门中。多部法律规章也授予行政机关外的组织行政职权，因此导致社会管理各领域，参与行政执法的主体过多而引起混乱。同时，行政执法机构也存在体制建设的不统一，行政执法机构既有行政机关又有事业单位，既有常设机构又有临时机构，既有已设立建成的又有仍拖延未建的，行政执法机构体制建设缺乏统一规划和管理。另一方面，目前多数一线行政执法人员较多是由原先行政机关转岗而来的，上岗执法前缺乏必要的法律知识和文化素养的培训与学习。特别是县级及县级以下的基层执法人员，文化素养和法律知识欠缺的问题较为严重。

（3）监督机制尚未健全，行政违法难以追责。首先，执法监督缺乏公众的有效参与，主要仍依靠上级政府和上级部门对下级政府和部门的监督和考核；其次，执法监督缺乏常态性和整体性，集中开展的执法监督活动数量较少，且较为集中于个别的执法机构，并未形成制度化、常态化、系统化和全面化的执法监督格局；再次，执法监督较为滞后，现行的执法监督偏重于事后纠错，缺少对事前和事中的控制和监督；最后，执法监督缺乏效力，由于缺乏必要的法治保障，诸多主体通过“打擦边球”规避了监督和违纪违法的制裁，监督没有发挥其应有的效力①。

2. 社会管理的法制化建设缺乏主动创新

承前文所述，我国本身在现阶段处于社会管理的法制化建设滞后于社会发展和管理现实的情况，同时各层级的立法主体出于追求稳定发展而非更好地服务于社会的理念的考虑，缺乏主动创新、加强和加快提供制度供给的动力，从而造成了我国社会管理一直处于一种被动的局面。在国家立法层面，国家立法涉及面广泛，程序严谨和繁多，需要经过大量的信息收集和反复论证，耗时较长，造成立法工作滞后，社会管理较为被动。地方政府和各级部门层面，处理社会事务经常从效率角度考虑问题，惯性采用一次性的手段和措施，甚至通过国家暴力机构强制执行，忽略通过制度供给建立长效的解决机制。在行政人员个人层面，对个人的考察和晋升注重工作效率、工作成果等结果的考察，忽视其工作中程序、手段是否合法、合理、合情的过程审核，因此造成行政人员个体也缺乏主动推动制度创新和提供制度供给的积极性。

---

① 迟玉华．关于全面推进依法行政的思考［J］．职业技术，2007（6）：104－105.

4.2.4 单一的社会管理：重政府轻社会

单一的社会管理是指政府在社会管理中一家独大，甚至可以说政府是社会管理的唯一主体，忽略了其他社会力量的参与，从而使社会管理的主体呈现单一性特征。传统观念的影响根深蒂固，尽管我国政府已经认识到社会参与的重要性，但是仍然认为社会管理是政府的职能之一，政府应该担负起绝大部分的责任。囿于政府资源有限及任务繁多，仅依靠政府的力量已不能解决日益复杂化的社会事务和问题，这种“大政府，小社会”的结构已不适应当前社会的发展。社会组织和公民参与是社会管理主体多元化发展的重要组成部分，而多元化的社会管理也是今后的发展方向，但如今我国社会组织和公民参与的发展存在一定的问题，均未有效参与社会管理。

1. 社会组织发展缓慢

社会组织最早从新中国成立起就出现在我国的社会管理舞台中，但当时是作为政府机构的延伸，并无社会组织之实。经过多年的发展，尽管数量增长迅速，但根据我国的具体国情来讲，其发展依然很缓慢。

（1）社会组织数量不足。截至2012年，全国共有499 268个社会组织在国家民政部门登记，尽管绝对数量在过去的几年间实现了飞速的增长，但是覆盖到全国13亿多的人口后，登记密度为3.68个/万人①。这个数据远低于西方发达国家的，也低于部分发展中国家的。早在2009年，瑞典的数据为230个/万人，美国为52个/万人，法国为110个/万人，日本为97个/万人，阿根廷为25个/万人，巴西为13个/万人②。由此可以看出，我国现阶段的社会组织数量远不能满足社会管理的需求，不能完全覆盖和服务我国超过13亿的人口。

（2）社会组织构成不合理。我国社会组织主要分为四种类型：一是官方背景的社会组织，这类组织行政化色彩较浓，必须依靠政府才能拥有较多资源，所以摆脱不了官僚组织的诟病，效率较低；二是非公募基金会，多采用商业化运营的管理模式，具有较大资源潜力，但多数为企业服务；三是民政登记的草根组织，这类组织对社会矛盾的化解和民意诉求的收集与表达有着先天的优势，但其整体力量较为薄弱；四是未注册的民间团体，这类组织情况参差不齐，较为复杂。从整体上看，拥有较多资源的官方背景的社会组织和为企业服务的非公募基金会相对发展较好，而草根组织和未注册的民间团体发展相对较为薄弱。

（3）社会组织自我发展薄弱。一方面，社会组织行政色彩浓厚。政府部门通过挂靠、主管等方式介入社会组织的运营与管理，使社会组织间接处于政府控

① 数据来源于《国家统计年鉴2013》，社会组织数量499 268个，全国人口总数为135 404万人.

② 汝信，等.2011年中国社会形势分析与预测［M］. 北京：社会科学文献出版社，2011：184.

制下，难以自我发展；另一方面，社会组织内部管理有待完善。除了政府背景和企业支持的社会组织，大部分社会组织发展处于资金来源不足、人才缺乏、内部管理紊乱的状况，发展后劲不足。

（4）社会组织公信力不足。一方面，政府对社会组织的观念仍未完全转变，因此在对社会管理如何引入社会组织方面仍存疑虑；另一方面，群众对社会组织的信任程度不高。受传统思想的影响，群众对政府和官方的信任程度超过社会组织，因此群众这种不信任的态度也使社会组织发展面临着困难①。

（5）社会组织发展与管理相关法律法规不健全。我国对指导和规范社会组织发展的法律法规较为缺乏，现有的规章仅有国务院出台的几项管理条例，立法层级较低，且缺乏整体性，诸多社会组织的活动内容在法律层面还是一片空白。

2. 社会组织作用未能发挥

社会组织的存在是补充政府社会管理中的不足，并逐渐发挥社会自身的力量进行社会管理。但现阶段，我国社会组织仍处于发展的初级阶段，其作用远未能发挥。

（1）服务社会功能未能发挥。为社会提供服务，满足社会各阶层成员的多种需求是社会组织的主要职能之一，但囿于社会组织发展缓慢和政府向社会组织职能转移交接的不到位，社会组织尚未有效承接政府转移的职能，其服务社会的功能未能发挥。

（2）社会利益整合功能未能发挥。社会组织的职能还包括收集和反映民众利益诉求以及化解社会矛盾的社会利益整合功能，但目前民众主要选择媒体、全国人民代表大会常务委员会、中国人民政治协商会和信访部门进行诉求的表达，然而越级上访和突发群体性事件的频发暴露了现有诉求表达渠道仍存在缺陷，而这是社会组织利益整合功能发挥的空间，但现阶段，社会组织在这方面的职能承接和自身功能的发挥仍然存在一定的问题。

（3）社会组织参与功能未能发挥。社会组织参与是实现公民社会和公民民主的重要途径，也是社会组织存在的主要意义和价值之一，但主要受到以下两点因素的影响，其功能尚未有效发挥。一方面，缺乏切实有效的参与机制，政府自身职能转变不到位，也未建立和健全社会组织参与的长效机制，即使社会组织有较高的参与热情，也无法发挥参与的功能；另一方面，社会组织自身发展较为薄弱，在经济社会中的地位较低和影响力较小，难以在社会管理中有效发挥其参与的功能。

3. 公民参与社会管理不足

公民参与社会管理是社会发展内生性的需求，也是社会自治能力的体现，但我国现行的以政府为主导的社会管控模式使公民自我管理、服务和发展的意识欠缺且能力不足，并且导致社会自治和自我发展的能力低下。首先，公民缺乏参与社会管

---

① 王俊秀，等．社会心态蓝皮书：2011 年中国社会心态研究报告［M］．北京：社会科学文献出版社，2011.

理的意识，在过去长期的教育、文化等多方面潜移默化中，我国公民普遍缺乏个体意识和权利意识，因此经常遗忘或放弃表达自己的诉求。其次，现行的社会管理体系疏于公民表达渠道的建立，公民参与缺乏有效的途径。最后，公民参与缺乏相应的制度保障，由于缺乏相应的机制和法律规章的保护，公民参与社会管理过程有时会受到歧视甚至是伤害，在这种情况下，公民参与的热情难以长时间维持。

4.3　小结：社会管理问题阻碍新型城镇化的发展

本章从宏观和微观两个方面分析了社会管理存在的问题。在宏观层面，社会管理呈现出碎片化特征，而碎片化社会管理的根源在于社会管理的体制上，我国社会管理仍然是以政府为绝对核心，而政府的专业化和职能分工决定了社会管理的碎片化。在微观层面，社会管理存在硬性的、片面的、消极的和单一的问题等，而这也是基于本书的分析框架，从社会质量理论的四个维度进行了社会管理问题的归纳、整理和分析。这些社会管理中存在的问题和弊端严重制约和影响了新型城镇化的发展（见图4－1），而新型城镇化的发展是党和国家在十八大之后提出的新的战略方针，也是今后经济社会的发展方向。新型城镇化要求以实现人的服务和尊重为追求，关注经济发展的同时，更好地实现人的物质层面和精神层面的双重发展和价值。而现行的社会管理存在诸多问题，已不适应以“以人为本”为核心的新型城镇化的发展方向，在新时期背景下，社会管理亟须转型升级。

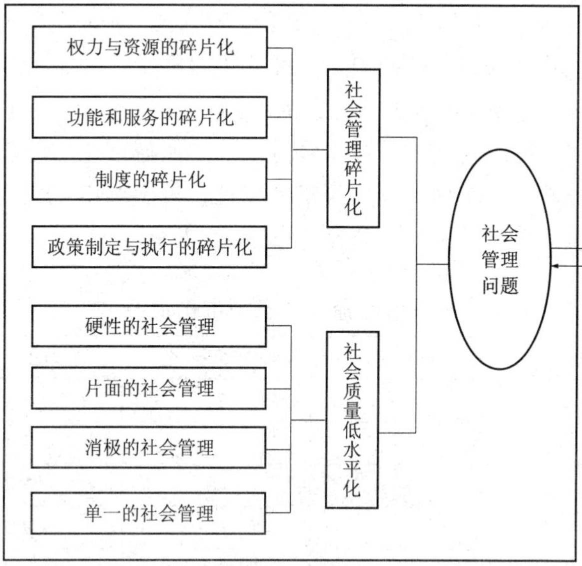

图4－1　社会管理问题与新型城镇化关系

5 国外城市化进程与社会管理经验借鉴

城市化进程与社会管理发展作为城乡经济社会融合与社会发展的过程，是具有其内在逻辑与发展规律的，但由于世界范围内各国和地区资源禀赋与经济社会条件参差不齐，各国在城市化进程与社会管理中的战略和政策有所区别、进度不一。同时，各国和地区在发展过程中有各自的经验和教训，本书选取美洲典型国家美国和亚洲典型国家日本进行城市化进程与社会管理的分析，探索城市化进程与社会管理经验，为我国的经济社会发展予以借鉴。

5.1 美国城市化与社会管理的发展和经验借鉴

5.1.1 美国城市化发展历程

美国城市发展受益于外来移民、欧洲投资、北美消费的增长和制造业的迅速发展，其中外来移民最早要追溯到1609年的欧洲移民，由于港口城市的地缘优势，初期的移民都集中在东海岸的纽约、波士顿等地。然而城市化的起步和发展主要受工业化的推动，随着工业革命出现和经济的发展，美国城市化也逐渐由东向西推进。美国城市人口数量分布及城市化水平如表5－1所示。

表5－1 美国城市人口数量分布及城市化水平

年份	总人口/百万	城市人口/百万	城市数量/个	城市化水平/%
1790	3.9	0.2	24	5.1
1800	5.3	0.3	—	6.1
1810	7.2	0.5	46	7.3
1820	9.6	0.7	61	7.2
1830	12.9	1.1	—	8.8
1840	17.1	1.8	—	10.8

续表

年份	总人口/百万	城市人口/百万	城市数量/个	城市化水平/%
1850	23.3	3.5	—	15.3
1860	31.4	6.2	392	19.8
1870	39.8	9.9	663	25.0
1880	50.2	14.2	939	28.2
1900	76.1	30.2	1 737	39.6
1910	92.4	42.0	—	45.7
1920	106.5	54.2	2 722	50.9
1930	123.1	69.0	—	56.2
1940	132.1	74.4	3 464	56.3
1950	151.7	96.5	4 741	63.6
1960	179.3	125.3	6 041	69.9
1965	194.3	139.7	—	71.9
1970	203.2	149.3	7 062	73.5
1975	215.97	159.2	—	73.7
1980	226.5	167.1	8 765	73.7
1985	237.92	177.3	—	74.5
1990	249.62	187.0	—	75.3
1995	266.28	205.8	—	77.3
2000	282.22	223.2	—	79.1
2005	296.41	239.5	—	80.8

资料来源：美国历史统计（从殖民地时期到1970）。

美国城市化发展历程大致可分为三个阶段①（见图5－1）：

（1）城市化起步阶段（18世纪末—19世纪中）。美国独立之初，国内产业主要是农林牧渔以及木材加工等，而在发展这些产业的过程中，原材料和加工品的运输往往通过港口地区，因此港口地区率先发展起来。1790年时，美国最大的城市只有4.5万人，全国城镇化率仅5%。随着工业的不断发展、工厂的建立、移民的涌入，农村人口开始逐步向城镇迁移，新城镇不断涌现，城市人口数量快速增长。1870年，美国城市人口占总人口比重达25%，标志着美国即将进入城市化的快车道。

这个阶段美国的城市化发展区域间存在较大差距，东部地区由于地缘优势发展较为迅速，19世纪初已经完成工业革命，城市化水平较高，而中部和西部则远低于东部水平。

① 黄绍湘. 美国历史简编［M］. 北京：人民出版社，1981：72.

（2）城市化初步完成阶段（19 世纪中—20 世纪中）。19 世纪末到 20 世纪初，美国爆发了第二次工业革命，各种新技术的出现和扩散极大地刺激了美国工业和经济的发展。在这个过程中，美国城市化发展迅速，城市建设和发展由东向西扩散，一批城市化程度较高的经济中心在工业大发展的基础上陆续形成。依靠西部经济建设和西部城市化的迅速发展，美国城市化原本存在的区域差距在逐步缩小，一改过去非均衡的城市化发展局面。1920 年后，美国高速公路和石油业发展迅速，交通运输的成本大幅下降，助推了劳动力的迁移。同时，中心城市规模无序扩大，部分城市人口已经饱和，因此，部分城市人口开始向郊区流动，出现逆城市化的征兆。

在城市化迅速发展中，美国逐步建立了现代化的城市系统。全国城市均衡发展，区域间差距逐步缩小，城市网点布局合理，逐渐形成大中小城市互相结合、综合型城市与卫星专业型城市相配合的现代化城市体系。

（3）城市化高度成熟阶段（20 世纪中至今）。自 20 世纪中叶以来，美国的经济结构发生了巨大的转变，第二、三产业的产值占三次产业总产值的 95%，农业就业人口持续下降，而从事建筑业、制造业、商业、服务业等非农产业的人口不断上升，非农劳动力约占总劳动力比重的 87%，第三产业就业人数不断攀升，占总就业人数的 50% 以上。服务业与高新技术产业在经济社会中逐渐占据主导地位，对城市人口和空间布局产生了重要影响。1960 年，美国城市化率已达到 70%，随后的几十年，城市化缓慢增长。

在这个阶段，城市里社会阶层分化逐步凸显，部分人选择离开城市中心。由于交通的逐步完善，越来越多的人选择迁入郊区居住，城市空间布局发生改变，开始出现城市郊区化的趋势，美国人口分布逐渐趋向于分散化。

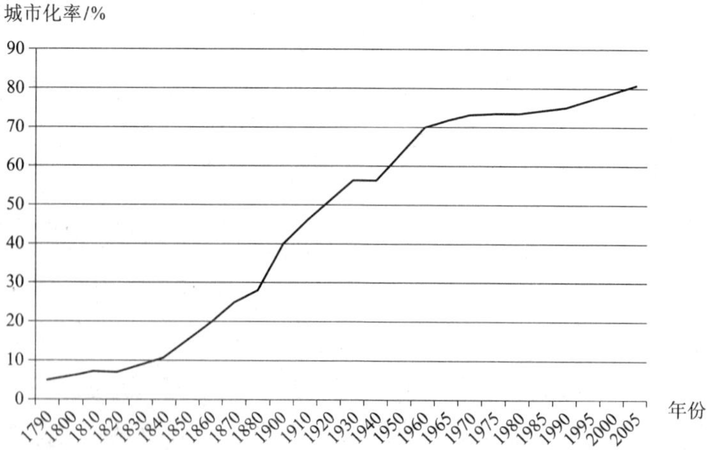

图 5-1　1790—2005 年美国城市化率

5.1.2 美国城市化与社会管理经验借鉴

1. 建立多层级的城市体系

美国的城市化是开放式的，在城市化进程中，打破不同地区间的封闭和隔阂，从全国整体角度出发，采用大区域经济的“城市圈”模式，建立国际大都市、全国中心城市、地区中心城市、卫星城、地方小城市和小城镇等多层级的城市体系，以不同层级的中心城市为主，形成环环相扣的“城市圈”和“城市带”。在这种城市建设模式下，诸多大城市间和地区间已经互相连成一片，相邻城市或地区的延伸部分和发展部分互相重叠，各类经济区和卫星城互相交错，城市、镇和农村融为一体。

在建设城市体系过程中，美国非常注重中小城市和城镇的发展。自20世纪30年代起，美国中小城镇人口数量明显增加，到20世纪60年代，美国启动了“示范城市”的计划，其本质是促进和推动大城市人口向中小城镇的转移，实现城市人口郊区化。到20世纪70年代，美国100 000万人口以下的中小城镇人口增长到9 600万人，而到了21世纪初，75%的美国人居住在中小城镇[①]。在几十年建设发展的城市体系中，环绕在中心城市周边的卫星城等就是大量中小城镇的集合，城市的扩张通过中小城镇的建设进行延伸，而不是中心城市的无序增长。美国在城市化进程中，依托中心城市、大城市的辐射能力，注重数量众多的中小城镇发展，形成规模性的城镇带，缩小和消除了城市与城镇间的差异，也促使各种生产要素的快速流动。

2. 重视城乡一体化的发展

美国在城市化进程中，不但着力发展各类大中小型城市和城镇，而且一直重视农村地区经济社会的发展以及城乡一体化的进程。美国政府出台多项农业促进政策支持农业的发展，建立完善的农业教育、培训、科研和技术推广与应用体系，并且在1916年通过《联邦农业信贷法》，其内容是通过联邦政府提供部分资金以形成对农场的信贷支持。不仅如此，美国政府还着力于建设完善的农业服务体系，这个体系由三个系统组成：一是各州向各大农学院校赠送土地，形成学院科研服务系统；二是农业相关政府部门和研究局等组成的联邦农业科研服务系统；三是在两者挑选的基础上组成的总统经济顾问团形成的政府农业决策系统。这三个系统同时服务于政府和农民，对农业发展提供全方位的保驾护航。还有最重要的农村基础建设，完善的农村基础设施是缩小和弥合城乡差距的必要条件。美国城市化进程中的一个特点就是城乡基础设施建设基本没有差别，而这种对农

① 姜平．美国小城镇建设对中国的启示［EB/OL］．［2010－06－20］．http://www.ccrs.org.cn/html/2010/06/5793.html.

村建设的重视大大增强了农村的吸引力和自我发展能力，为美国城乡一体化建设打下了坚实的基础。

3. 城市化发展与经济发展、产业转型同步

工业化推动了美国经济的发展，是美国城市化的重要推动力。欧洲工业革命爆发后，技术逐渐扩散至美国，美国的工业生产得到飞跃性的提高，商业发展更加组织化，农业生产能力也有了很大的提高，从而降低了农业对劳动力数量的要求，农村劳动力逐渐出现剩余及农村人口向城市转移的局面。同时，农业生产能力的提高足以满足不断增长的城市人口，加速了城市化的进程。工业的发展推动了一大批工业城市、能源城市以及矿业城市的涌现和发展，这些城市成为经济中心后，辐射和带动周边地区的经济发展，从而促进了全国范围的城市化发展与经济发展同步推进。从地理趋势来看，美国的城市化由东边沿海城市率先展开，逐渐向西边扩散，呈现“自东向西，自北向南”的演进过程，这也是跟经济发展的空间扩散方向一致的。

美国在城市化发展进程中，重视第一、二、三产业的关联、集聚和转换的协调发展，重视产业升级。通过政策和投资引导，重视第二、三产业的转换和升级，着力于高新技术产业和服务业的发展以及对传统产业的改造。第二、三产业对美国经济的贡献比例逐年增加，产业转型与城市化进程同步协调发展。

4. 强调市场作用的同时重视政府干预

美国在城市化推进过程中，政府致力于为经济社会发展和生产要素自由流动营造一个开放性的市场环境和法治环境。在实际解决城市市区发展中面临的地区冲突和矛盾问题中，政府进行了行之有效的区域协调管理工作[①]：一是行政区划整合。城市化发展必然带来城市空间格局的扩张，20 世纪初，美国中心城市面积相比 1920 年大约扩张了 3 倍，但受限于行政区划的界限，中心城市的扩张被延缓和暂停，越过行政区划界限的城市空间发展必须通过两地基层政府沟通、调整后才能实现。同时当某项政策实施涉及多个区域时，由于不同地区的行政分割，政策施行的协调性会大打折扣。因此，为了协调大城市区内的行政主体关系，保证政策的有效性，一些地方采取了行政区划合并的方式解决问题。二是建立更高级别的大区域政府。在实际协调地区间矛盾时，同级别的区域政府之间沟通协调效率较低，因此有的大城市在其所在地区及辐射的区域内联合建立具有更高行政权力级别的大区域政府。三是建立半官方的地方政府联合组织。美国是一个以“基层自治”为核心的法治国家，要建立大区域政府这类跨行政区划的行政组织十分不易。由于缺乏更高级别的行政组织参与和协调，大城市发展过程中许多问题难以得到有效的解决。在这种情况下，由地区基层政府自愿联合，获得州政府或联邦政府支持的松散型行政组织——地方政府协会就诞生了。这类组织

---

① 黄勇．美国大都市区的发展与管理［J］．浙江社会科学，2001（3）：41－43.

容易被各方利益主体接受，也具有沟通和协调的功能。四是重视城市规划和法规建设。每个城市在城市化发展过程中都必须结合自身的资源禀赋和在城市圈中的定位，制订详细的发展规划，规划还必须通过专家讨论和审议以及市民听证会的讨论。规划一旦通过就必须按章执行，不得随意更改，整个过程有法律法规的保护。

5. 多元主体参与社会管理

美国政府的社会管理主要依靠基层自治，而美国基层的行政单位就是社区，美国的社区管理模式是资本主义民主制度、市场经济体制和公民社会体制三重体制背景下的自治型社区管理。其管理主体多元化、社区管理民主化、资源筹措多渠道化、服务和监督常态化，体现了政府引导下的多利益相关主体的协同管理。

基层政府负责制定社区发展规划与政策，提供社区运作的规章制度与财政支持，与非营利组织和社区居民一起协作进行社区管理和运营。基层政府通常会设立社区服务局，其职责是帮助构建社区委员会，加强政府与居民的沟通，协调居民、政府雇员和民选官员等各主体之间的关系，为社区的发展提供帮助和指导。并且政府会制定规范性文件和政策，通过财政支持、购买服务和考核监督等手段，进一步规范和引导社区服务的开展。

社区居委会是社区工作的核心，也是美国最基层的社会管理机构，其经费主要靠自己筹集，部分靠财政拨款。社区居委会委员由地方政府依法认命，一般由社区内有名望、有经验并乐于奉献的人担任，这些人不领取报酬，以自我价值的实现为唯一回报。因此，社区的发展杜绝了行政寻租的可能性，且兼顾了发展与公平两个重要价值。

社区非营利组织则是社区进行民主管理和社区自治的重要载体，收集居民诉求、开展社区服务以及代表居民进行意见表达等是其主要工作内容和责任。社区非营利组织是社区管理与服务工作的具体承担和执行者，与社区居民联系较多、关系密切。

6. 重视人才培养和教育投入

美国各级政府十分重视人才的培养和教育的发展，不断加大对教育的投入和加强对教育的管理。从教育管理机构设置上看，除了专门对公立学校进行管理的教育委员会外，还有学区（半官方的管理机构）进行辅助管理。在教育投入方面，美国教育投入金额逐年增加，目前美国教育投资已占美国 GDP 的 8% 以上，名列发达国家前列。教育管理的重视和教育经费的增加，为城市化、工业化、产业升级以及社会管理提供了大量各类技术、管理以及复合型人才，而永不衰竭的人才供应才是美国持续城市化发展和社会管理创新的动力之源。

5.2 日本城市化与社会管理的发展和经验借鉴

5.2.1 日本城市化发展历程

日本是全球范围内发达国家中的后起之秀，却是亚洲第一个成功进入发达国家行列的国家，其城市化进程开始于明治维新。在明治维新前，日本是一个十分典型的农业国家，城市人口占全国人口比重不足10%。在一个多世纪里，日本城市人口从1898年的533万人增加到了2005年的1.1亿人，城市化率也从11.75%增加到86.30%的高度城市化水平。日本城乡人口数量分布及城市化水平如表5-2所示。

表5-2 日本城乡人口数量分布及城市化水平

年份	总人口/百万	城市人口/百万	农村人口/百万	城市化水平/%
1898	45.40	5.33	40.07	11.75
1903	48.54	6.81	41.73	14.03
1908	51.74	8.30	43.44	16.04
1913	55.13	9.00	46.13	16.32
1918	58.09	10.84	47.24	18.67
1920	55.96	10.10	45.87	18.04
1925	59.74	12.90	46.84	21.59
1930	64.45	15.44	49.01	23.96
1935	69.25	22.67	46.59	32.73
1940	73.11	27.58	45.54	37.72
1947	78.10	25.86	52.24	33.11
1950	83.20	31.20	52.00	37.50
1955	89.28	50.29	38.99	56.33
1960	93.42	59.33	34.08	63.51
1965	98.27	66.92	31.36	68.09
1970	103.72	74.85	28.87	72.17
1975	111.94	84.97	26.97	75.90
1980	117.06	89.19	27.87	76.19
1985	121.05	92.89	28.16	76.74
1990	123.61	95.64	27.97	77.37

续表

年份	总人口/百万	城市人口/百万	农村人口/百万	城市化水平/%
1995	125.57	98.01	27.56	78.05
2000	126.93	99.87	27.06	78.68
2005	127.77	110.26	17.50	86.30

资料来源：日本历史统计 1886—2005，日本统计年鉴 2008。

随着经济的发展和工业化的推进，日本城市化可划分为以下四个阶段。图5－2为1898—2005年日本城市化率。

（1）迎来了发展的契机，在此之前，日本只有数量很少的城市；明治维新后，日本开始了工业化和城市化的进程，逐步踏上了资本主义发展的道路。日本工业化早期是以电力工业的发展以及电力和电动机的普及应用为特点，在此基础上，机器的应用逐渐兴盛，并且集中在部分城市和地区。为推动经济和城市化的加速发展，日本顺应这一集中的趋势，进行了城镇区划改革。1871年，日本废藩置县，并在1889年实行了市町（镇）村制。在原有32个城市的基础上，另外新建了7个市，通过旧城改造和新城建设，一共拥有了39个城市[①]。在这期间，如大阪、东京等城市，由于机器工业的使用而引起了人口的聚集并带来了经济的繁荣，而其他一些自身工业基础薄弱或地缘劣势的内陆城市则相对发展缓慢。

随着城市化和工业化的发展，城市功能也逐渐发生了转变，原有的以消费为主要功能的消费城市逐渐转变成以工业技术为基础、以规模性企业为核心的生产型城市，原有的手工业比较发达的城镇也慢慢成为资本主义大规模企业和机器生产的重心。旧的城镇不断发展与转变，新的城市不断涌现和兴起。到1920年，日本城市数量上升到85个[②]，城市化水平也提升到18.04%。

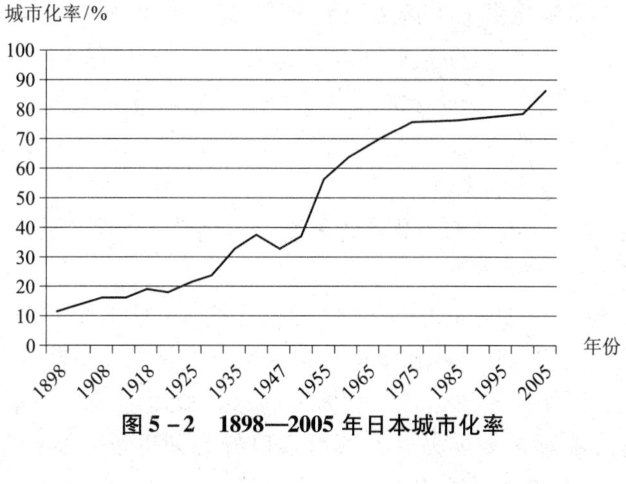

图5－2　1898—2005年日本城市化率

① 资料来源：日本历史统计 1886—2005，日本统计年鉴 2008。

② 资料来源：日本历史统计 1886—2005，日本统计年鉴 2008。

（2）初步完成阶段（20 世纪 20—50 年代）。1920 年以后，工业化进程逐步加快，日本劳动力从第一产业向第二、三产业转移的速度也明显提速，人口也加速向城市集聚，日本城市化进入快速发展阶段。自 1920 年，日本城市人口大量增长，到 1940 年，城市人口在 1920 年 1 009. 68 万人的基础上增长了近两倍，达到了 2 757. 75 万人。在这期间，新增人口大量涌入城市，加速了城市人口数量的增加。据日本学者本多竜雄（1950）研究，1920 年前，大城市仅仅吸收了新增人口的 30%，而此后的十五年，新增人口的 70% 都涌入了大城市。1937 年后，劳动力向重工业城市聚集的速度不断加快，日本四大工业带中京工业带、京滨工业带、阪神工业带和北九州工业带已经形成。1940 年，日本城市化水平达到 37. 72%。

这一时期的日本对外侵略战争严重影响了国内的城市化进程，1931 年，日本侵华后，国内进入战时体制。由于战争的需要，日本政府大力支持重工业产业的发展，而这一产业就业人数也迅速增加。但以纺织业为主的轻工业尽管与民生息息相关，仍然被限制发展。轻工业的萎缩导致了经济体制的不合理，也抑制了就业的增加，引发了经济危机，中小企业纷纷倒闭破产，日本城市化进程严重受阻。第二次世界大战的爆发，彻底中断了日本的城市化发展，大量城市居民为避战乱迁居农村。到 1947 年，日本的城市化水平仅有 33. 11%，相比 1940 年下降了 4. 6 个百分点，相当于十年前的水平。

（3）高度成熟阶段（20 世纪 50—70 年代）。日本的众多城市在战争中被摧毁，尽管日本与美国设立了国家建设和经济复苏计划，但是受困于“二战”后的通货膨胀，日本经济始终难有起色。1950 年，朝鲜战争爆发，美国大量采购日本的军用物资，使得日本经济迅速恢复，工业生产呈爆发性增长，劳动力再次涌入城市，日本城镇化水平重新回到了 37. 50%。在此之后，日本经历一段时期的休整，步入长达十八年的工业快速增长期。1956—1973 年，日本工业生产总值共增长了 8. 6 倍。在工业大发展的过程中，大量农业劳动力进入工业产业，于是城市吸收了大量农业人口。到 1970 年，日本已成为仅次于苏联和美国的第三大经济体。此时，日本城市人口数量已达到 7 485 万人，占总人口比例的 72. 17%，而且这一时期的城市化水平年增长率高达 1. 5%。至此，日本已经成为经济发达的高度城市化国家。

（4）发展与完善阶段（20 世纪 80 年代至今）。日本受到 1973 年和 1979 年的石油危机的影响和国际金融市场的冲击，经济增长迅速下降。随着企业成本的上升，大量企业开始向欠发达地区和海外转移，城市的人口集聚效应不断减弱，日本城市化速度明显放缓。另外，城市人口的饱和也进一步延缓了城市化的发展。到 2000 年，日本的城镇化率仅为 78. 68%，相比三十年前只提高了 6. 51%。

在这个时期，日本国内人口分布也发生了转变。由于城市人口饱和造成城市过度拥挤，部分人口开始向周边地区城市转移。而在这期间，科学技术和交通的发展为城市扩张提供了支持。日本的主要城市外延不断延伸，与周边区域城市连到一起。随着大城市周边的不断开发，大量人口不断外迁。然而经济进一步发展，中心城市的城市功能再次增强，人口又开始向中心城市聚集。到 2005 年，日本城市化水平达到 86.30%。

5.2.2 日本城市化与社会管理经验借鉴

1. 工业化推动城市圈形成和城乡经济社会结构融合

日本城市化的发展与西方发达国家的城市化进程类似，以经济发展为基础，以工业化发展为推动力，以科技、信息、交通等要素为依托。但也存在不一样的地方，日本的工业化从明治维新开始就具有较强的官办和军办工业的色彩，政府依靠各大财阀的力量推动了工业化的初期发展。政客和商人联手，首先从中心性大城市着手，建立工厂进行工业化生产，然后逐步以中心大城市为依托向外围城市和地区辐射、延伸，最后形成现今的以名古屋为核心的名古屋大都市圈、以东京为核心的东京大都市圈和以大阪为核心的大阪大都市圈。

在城市化的中后期，日本注意到了农村发展问题。首先，政府增加了对农村基础设施建设的投入。日本农村建设的融资渠道和方式较为多样化，地方政府拨款、中央政府财政补贴和拨款，地方政府还能发行地方债券。其次，大力发展农村工业。日本政府认为工业发展是城市化的基础，没有农村工业的发展，农村的城市化就无法前进。因此，日本政府提倡鼓励各级基层政府招商引资，并出台多项政策予以支持。最后，日本政府注重各地区城市建设和经济发展规划的科学性、合理性和系统性。基层政府设有专门的规划部门，主要负责城市开发和经济发展等规划制定，而规划的出台必须经过民意的考察，必须与有关部门进行协商、与更高一级的政府进行沟通，才能确保与其他地区基层政府发展之间的和谐与配合。

日本农村的城市化以工业发展为先导，凭借工业发展的集聚效应和对农村经济的推动作用不断弥合城乡之间的差距，逐步实现城乡经济社会一体化。

2. 政府管理体制与政策创新

日本在城镇化进程中，随着中心城市和周边区域性城市的发展，生产要素在全国甚至世界范围内流动，各城市、乡镇之间的联系越发紧密，由此引发了三个问题：一是城市的发展和传统行政区划管理体制之间的矛盾；二是中心城市与周边城市以及各城市间如何处理协调发展的关系；三是城乡经济设计统筹发展。这些问题关乎政府管理体制和城市化可持续发展的进程，必须在发展过程中予以解决。

对于城市的发展和传统行政区划管理体制之间的矛盾，日本对原有的行政区划管理体制进行了改革，于 1888 年颁布了市町村制，并于 1889 年正式施行。政府通过设立市町村制打破原有历史遗留的行政区划管理体制，力图发展一个便于城市化发展的行政体系和行政区划。到 1947 年，日本引进美国特色的地方自治制度，建立和颁布了地方自治法，基层城市管理体制发生了实质性变化，地方首长由市民选举产生，基层政府拥有较大的自治权力，以适应在城市化进程中地方政府的分权需求。

对于中心城市与周边城市以及各城市间如何处理协调发展的关系，日本以实行大城市为核心的都市圈发展规划为应对措施。在经济发展中自然形成了一些中心城市，这些中心城市的辐射和延伸是在市场经济体制下依靠市场调节机制形成的以经济为纽带的城市经济带。这样的城市联系已然打破了行政区划的体制限制，通过跨行政区域的经济融合，有效推动了都市经济圈的协调发展。为进一步加强城市间的沟通和联系，日本政府通过建立区域规划协会和大都市圈管理委员会，搭建了城市间商讨、协调、沟通的平台，以实现区域资源整合和经济大发展的目标。

对城乡经济统筹发展，日本政府打破城乡分割的局面，建立城乡经济一体化的政策体系。日本政府在城市化进程中，尤其注重城市产业和农村产业的同步发展，而在城市功能和空间规划方面，也把两者结合起来考虑，在各类基础设施和功能分工上实现城乡的统筹安排。日本政府加大对农村招商引资的政策倾斜，并大力发展城乡之间的交通，消除城乡之间地理上的阻隔，弥合城乡之间经济、文化、生活方式等方面的差异，实现城乡经济社会统筹发展。

3. 政府与社区居民协同管理的社会管理模式

日本政府对社会管理的直接干预较为宽松，其主要负责规划、指导和监督等工作和提供财政支持。在中央层面，由总务省主要负责社会管理相关工作，地方基层政府则设立自治活动科和社区建设委员会等相应行政机构负责社会建设与管理的相关工作①。町级有“町会联合会”等组织，属于半官方色彩的自治组织，由居民自愿参与，负责社区的各项工作开展。

日本的大城市则设立“地域中心”（地域相当于我国的“街道”）的机构来进行社区管理。地域中心由政府根据人口分布和地理区域大小来划分，属于政府的行政机构。地域中心的经费主要由政府提供，其负责辖区内的所有社会事务，注重与社区内组织和居民的联系与互动。但地域中心属于政府机构，不能完全代表居民的利益。在这种情况下，日本社区居民自发组成“住区协议会”，这个组织与官方的地域中心是并行的，完全由居民自发组织并参与社区内公共事务的管理和服务。住区协议会主要负责协调、督促和监督地域中心的工作，并对政府的社会管理及社区发展规划进行讨论和提议，向政府反映民众诉求，维护民众的权

① 李建国. 日本的城市社区管理模式——东京都中野区地域中心考察［J］. 城市问题，2003（3）：59－61.

益。此外，社区内还有一些非营利性团体，地域中心、住区协议会与这些组织互相协调和相互促进[①]，共同维护地区内稳定，促进地区发展。

5.3 国外城市化进程与社会管理经验对我国的启示

发达国家在20世纪基本完成了城市化进程，它们在城市化进程和社会管理中面临着相似又有差异的问题，其经验也存在部分共同的特征。从综合来看，发达国家城市化是一条工业化与城市化共同发展，注重城乡统筹的道路，整个发展过程中政府要积极干预，但其中共通和重要的亮点是发展多元主体和扶持社会组织。

5.3.1 工业化与城市化同步发展

从世界经济的发展、城市化高度成熟的发达国家城市化进程来看，工业化与城市化之间存在天然的共生关系，协调互动是两者之间必然联系和相互促进的表现形式。工业化是城市化进程的动力之源，工业化的发展模式决定了城市化的发展特点，而工业化的发展程度又制约着城市化的发展速度。城市化也反过来促进了工业化的发展，它为工业化的发展提供了空间、人口以及其他生产要素，推动着工业化进程。同时，工业化的发展也为经济增长做出了巨大贡献，经济、物质基础的保障也是城市化推进不可或缺的条件。通过对美国、日本等发达国家的城市化进程分析可以看出，城市化必须与工业化同步推进，才能确保其健康发展。

5.3.2 城乡统筹发展

在发达国家城市化进程中，城乡差距逐渐扩大也是其中一个阶段的普遍现象，而这一点具体体现在城乡收入差别上。大卫·李嘉图（1817）对这一点进行了解释，他认为这个现象的原因有两个方面：一是农业部门存在收益递减趋势，而城市工业部门反而呈现收益递增的趋势；二是农产品收入需求弹性较低，农民增收困难[②]。因此，在城市发展和工业发展进行到一定程度后，要反哺农业。通过政策倾斜支持农业发展，同时要注重农村的基础设施建设，并加强农村的经济

---

① 聂林．国外社区管理模式比较［J］．社会观察．2004（5）：8－9．

② ［英］大卫·李嘉图．政治经济学及赋税原理［M］．丰俊功，译．北京：光明日报出版社，2009：237．

发展，进行卓有成效的招商引资，尽量弥合城乡经济社会发展中的鸿沟，增加农村居民的收入，推动城市和农村、工业和农业的经济融合。发达国家的经验表明，尽管在城市化过程中存在城乡差距扩大的现象，但是城市化进程与城乡一体化发展是并行一致的，城市化发展完全可以缓解和消除城乡对立的问题，而不是单纯扩大城乡差距。然而城乡一体化的发展也是一个不断完成社会发展经济保障的过程，只有人民生活经济有了保障，社会才能稳定团结，而这也是城市化发展不可或缺的条件之一。

5.3.3 政府积极干预

在早期的城市化进程中，发达国家奉行市场经济自由调节的机制，随着城市规模不断扩大，各类城市问题以及城乡矛盾问题日益凸显。如美国在此阶段的城市贫困与城市行政腐败问题，以及日本的城市建设不合理、社会环境不断恶化、产业结构不合理、民众生活水平得不到改善等社会问题。

发挥市场机制在城市化过程中的自由调节作用，并不是意味着政府的退出和不作为。由于信息不对称的存在，当价格传导出现问题时，将出现市场无法有效配置资源的情况，即市场失灵。同时，由于资本的逐利性和市场机制就是以效率和经济为目标的，因此必然在公平性上有所缺失。因此，政府十分有必要出手干预，弥补市场的不足。如美国和日本，不但制订了详细的城市化发展规划，而且充分运用社会政策、财政政策和货币政策来协调和处理城市化发展过程中面临的一系列非均衡的利益冲突和矛盾，将城市化发展拉回到经济、效率、公平的正确轨道上来。

5.3.4 多元主体参与

多元主体参与是今后社会管理发展的大方向，也是确保国家、社会、城市发展能够满足所有人福利水平提升的有效途径，而多元主体参与的重心就在社会组织与公民参与。美国和日本在城市化进程中十分注重多元主体参与的问题，虽然由于各国的政治体制和行政生态环境不同，所以社会组织和公民参与的角色定位和分工有所差异，但是实现多元主体参与的目标是相同的。这些国家在实践操作中，在政策、规划、资金等多个层面鼓励和引导社会组织和公民参与到社会发展的社会事务管理和决策拟定中来，形成政府、社会、公民分工协作，共同推进社会发展的多元化社会管理格局。而通过美国和日本的发展历程可以看出，只有社会管理与城市化进程共同演进、互相适应才能实现二者共同进步的目标。

5.3.5　扶持发展社会组织

社会组织（国外通常以非营利组织为主）在缓解社会矛盾、串联社会各个利益主体、加强政府与公民之间沟通、促进多元主体参与社会管理等方面起着不可忽视的作用，此外社会组织相比政府的官僚组织有天生的优势，其相对成本更低，而效率更高，为政府减轻社会管理压力的同时也提供了大量的社会就业。美国和日本在城市化进程中十分重视社会组织的发展，对于公民自发形成的社会管理组织给以政策和制度上的支持，通过税收和财政补贴等方式积极培育和扶持社会组织的发展，并且合理通过社会组织涉及公共事务的管理实现多元主体参与，有助于维护社会稳定，达成经济社会发展复合型目标。

5.4　小结：城市化演进需要社会管理的匹配

西方和东方发达国家的发展历程在一定程度上展现和揭示了人类社会进步和经济发展的规律与脉络，这些经验的总结对我国在城镇化发展过程中社会管理转型提供了参考和借鉴。城市镇的发展是与工业化同步演进、城乡统筹发展的过程，而这也符合我国党十八大报告提出的工业化、信息化、城镇化和农业现代化同步发展、协调演进的战略方针。城市化的健康发展也离不开政府社会管理的配合，政府积极干预弥补市场失灵和市场经济导致的社会公平性的缺失，同时积极推动社会组织的发展，实现多元主体共同参与的社会管理，保证社会与经济的平衡发展，最终实现城市化和社会管理的良性互动。

6

我国新型城镇化进程中基于社会质量提升的整体性社会管理的构建

新型城镇化的健康、可持续发展离不开社会管理的配合，新型城镇化是“以人为本”的城镇化，要求一切以人为核心，以实现人的福利水平的提高为目的。而现行的碎片化的、硬性的、片面的、消极的、单一的社会管理并不能与新型城镇化形成良性互动，实现经济和社会的和谐发展。本章在前文分析的基础上，基于整体性治理理论和社会质量理论，从宏观层面整体性社会管理的构建和微观层面社会保障、社会凝聚、社会包容和社会赋权四个维度的社会质量提升方面提出社会管理转型升级的对策，构建新型城镇化进程中基于社会质量提升的整体性社会管理新格局，对我国今后社会管理的完善具有一定的借鉴意义。

6.1　我国特色社会管理：构建整体性社会管理

整体性治理理论协调了工具理性和价值理性的关系，让政府回到了社会管理的本源，以公共利益为导向，以解决民生问题、提升公民的整体福利水平为核心。而这与新型城镇化要求的从“物化”的城镇化向“以人为本”的城镇化的转型逻辑不谋而合，两者具有天然的契合性。构建整体性社会管理可以有效回应社会管理中的碎片化问题，实现社会管理的发展与完善。构建整体性社会管理要从组织构建和制度构建两个维度着手，通过组织和制度的构建，形成整体性社会管理的完善体系，确保社会管理沿着整体性治理的、科学的、可持续的发展道路前进。

6.1.1　整体性社会管理的组织构建

1. 逆碎片化和部门化，实行大部门整合

逆碎片化和部门化，实行大部门整合，其中心思想就是对原有的政府各部门或机构间权力、职能和管辖领域进行调整，将彼此之间存在职能相近、管辖范围大部分重合和权力存在交叉的、业务领域重合比例较高的部门和机构，通过合并重组的方式构建一个新的更大的部门，使这些部门能够对某一具体的管辖领域进行更具有效率和效度的协调与管理，保证权力的传达过程不会因为部门间的隔阂的而出现耗损，同时也避免和减少了政府组织及部门间因为社会事务管理的相关问题而引起利益冲突和矛盾。如美国吸取了“9·11”恐怖袭击事件中由于部门的碎片化而无法有效协调组织间力量有效应对突发事件的经验教训，专门将与国家安全相关的机构和力量进行了整合，成立了国土安全部。

打破功能分工的界限，协调和整合政府部门中多种资源和权力的关系，将业务性质趋同、功能间存在直接关联的部门进行合并与整合，实现政府组织和功能间有机重组，最终达到整体性治理，这已经成为当今世界各国政府组织改革的重要议题。

有学者认为符合以下条件的就应该依照统一、效率、精简的原则规范对其职能范围内的部门进行整合，如部门权责存在明显交叉；部门权责交叉而引发的问题常态化；部门业务涉及的管理对象过于广泛；现有的沟通与协调机制无法有效解决现实社会问题①。

基于我国现行政府组织行政管理体制层面由于原来专业化部门分工所遗留的机构或部门设置过多、功能分工过细、部门及机构间缺乏沟通与协作等问题，党和国家从十七大起就明确提出了探索权责划分清晰、职能有机统一的大部门体制改革。十八大过后，政府已着手开展了大部制改革的实质性工作，如将铁道部政企拆分后合并到交通部，卫生部与计生委有机整合，广电总局与新闻出版总署进行协调与重组等，并取得了初步的成效。

整体性治理强调以民生为导向，将公民的福利提升视为管理的重要内容。下一个阶段的大部门整合应该聚焦教育、就业、医疗与社会保障等方面，加强对与民生直接相关社会管理的整合。

2. 组织扁平化，实行政府行政层级整合

扁平化的组织结构是指管理层次减少而管理幅度相对增加的一种组织结构形态，其强调缩短上下级之间的距离，增强不同级别间的联系，信息纵向流动加快，同时降低了管理成本。在西方国家，组织扁平化的改变源于企业组织的变革，之后被政府组织所借鉴和效仿。扁平化的组织结构对比传统官僚体制下的科层制组织结构具有较为明显的优势，传统科层制建立在专业分工和职能划分的基础上，各功能部门间界限清晰、分明，这样的组织结构难以适应社会环境的快速变化，面对需要跨部门协调的问题时处理效率较低甚至束手无策。而扁平化的组织强调超越部门的界限，绕过过多的管理层级，直接对问题和组织整体目标负责。政府组织扁平化改革后将更为精简和高效，决策层与执行层之间的距离大为缩短，信息流通速度快、失真少，反馈迅速，同时中央政府的部分资源和权力可

---

① 曾凡军．基于整体性治理的政府组织协调机制研究［M］．武汉：武汉大学出版社，2013.

以有效分配和转移到基层政府和部门，有利于基层政府组织快速、有效应对社会管理的复杂化，充分发挥其主观能动性，在权力范围内解决社会问题。

从构建整体性社会管理的需求来看，我国应加强政府组织层级的整合。政府层级的划分是在科层制的体系下，依据政府组织管理的幅度和成本来确定某一层级政府的辖区划分，从而确定整体政府组织的层级结构。但层级结构并不是固定的，应该随着环境的变化和政府职能的整合做出相应的调整。

如今，我国政府组织分为中央、省、市、县和乡五个层级，而过多政府组织层级影响了政府管理和社会发展。层层之间的直接管理关系造成严重的行政分割现象，原本期望的以市带动县的发展、统筹发展城乡一体化的目标不仅没有实现，还形成了市对其下级政府管辖领域资源的争夺。同时，过多的政府组织层级严重影响了政策下达的有效性，在政策传递过程中失真现象严重。精简行政管理体制，进行政府行政层级的整合，首先要从市管县着手。取消市对县的管理，将县提升为市同样的行政层级，将原有的五层政府组织结构缩减为四层，县级政府直接对省级政府负责。“扩权强县，县市一级”的行政管理体制，可以有效提升基层政府社会管理的权责意识，实现统筹城乡一体化发展的目标，从而加快我国城镇化发展的步伐。

3. 组织开放化，实行政府与社会组织整合

今后的社会管理必然是多元参与的社会管理，是政府与社会组织双中心主导的开放性社会管理格局。而政府组织逐步开放，引导和进行与社会组织的有机协调和整合，扶持社会组织逐步承担起作为社会管理重要主体之一的责任——这是政府组织与社会组织整合的重要目的。

整体性治理理论的核心价值观念就是协调和合作，倡导通过良好的沟通、协调与持续的协作，实现社会管理主体组织的整体性运作，从而提供整体性的公用服务。因此，目标实现的过程涉及政府组织与社会组织的有机协调与整合，促使两者之间能够各自发挥其优势、互相促进，达到社会管理行动上的和谐、统一与协作。

美国国家绩效评估委员会在 1993 年的《国家绩效评估报告》中提出，在一个飞速变化的时代，最好解决问题的方法不是重新设计组织的规章制度，而是融化组织间原本僵化的界限①。因此，构建良好的政府组织与社会组织之间的平等合作关系，运用卓有成效的长效机制，将社会资源分配给各社会管理主体，发挥其不同的技术和信息优势，提高社会事务管理的效率和效度，提供整体性的公共服务，满足公民的整体性需求，最终才能实现经济社会的良性发展。

基于我国现阶段的基本国情，社会组织发展仍处于初级阶段，在社会管理的参与和职责的承接方面均有不足，同时我国政府较强的社会管理控制也减少了社

① 曾凡军. 基于整体性治理的政府组织协调机制研究［M］. 武汉：武汉大学出版社，2013.

会组织活动和发展的空间。因此，构建政府组织和社会组织的整合还得从头做起。第一，进一步培育和支持社会组织发展；第二，逐步转移部分社会管理职责；第三，建立政府组织和社会组织协调委员会，负责两者的沟通与协作事宜；第四，逐步建立政府组织与社会组织协作的长效机制；第五，实现政府组织和社会组织的整合，实现整体性社会管理的格局。

6.1.2 整体性社会管理的制度构建

1. 建立信息共享机制

信息共享机制是整体性社会管理制度构建的基础，组织决策的有效性与信息占有的完全与否有着直接关系。整体性社会管理要求政府部门、组织以及社会组织之间跨越原有的隔阂进行协调和沟通，共同制定社会管理决策，进行社会事务的管理，因此信息共享机制是各组织部门间实现协作的基础。

信息是一种重要的资源，任何组织占有和垄断资源的多少可以直接影响组织的利益，占有大量资源可以给组织带来巨大的利益。同时，信息的不对称很容易造成合作组织的不信任情况的出现，使组织间合作十分困难，甚至再次使功能裂解，回到碎片化的运行状态中。

可以看出，在整体性社会管理中，政府组织和社会组织间协作需要构建一种长效的涉及诸多政府部门以及社会组织等机构的信息功效机制，实现立体化、全方位的信息共享体系，减少和杜绝政府部门与社会组织合作间的信息不对称。第一，整合中央政府组织资源信息和各级地方政府组织资源信息，实现上下内外信息数据的整合和互通，并在相关机构间建立协作关系，实现信息的长期交换与共享。第二，整合各社会组织资源信息，建立一个社会组织信息委员会，专门收集和整合各社会组织类资源信息，并进行定期维护与更新。第三，搭建官方信息和民间信息的交换共享平台，并进行专业化管理。需要建立信息主管制度，主要承担对信息的开发和维护等职责，并坚持执行信息管理相关政策法规，监督和评价信息的采集和利用工作，实行长效的信息共享机制。第四，对信息资源进行分类，不同层级的社会管理决策只能调取相应层级的信息，如有必要可以申请调用更高级的信息资源，并由政府出台政策进行信息使用的规范和保护，防止信息丢失和滥用而引起社会问题。

2. 建立政府各级组织间协作机制

无论是现在还是今后，政府将一直是社会管理的重要主体。但政府组织以及各级政府间存在隔阂，碎片化的政府组织严重影响了整体性政府的发展和构建。而政府组织部门以及各级政府间矛盾和冲突的根源在于缺乏协调，加强政府各级组织间的沟通与协调，建立政府组织部门以及各级政府间的协调机制对实现整体性社会管理具有重要意义。

建立政府各级组织间协作机制要从以下几个方面着手：第一，构建政府各级组织平等沟通的平台。政府平级组织间存在职责和利益冲突，而上下级组织间存在管理与被管理的关系，组织间日常交流难以实现平等的沟通与协调，因此通过长效的平等沟通平台设置，保证各个组织利益的诉求和表达（尤其是基层组织实现自己的利益主体地位，在涉及中央与地方、上下级间利益关系时仍有发言权），将有助于政府各级组织间的协调。第二，构建合理的利益协调和平衡机制。保护和规范基层组织和非政策制定组织的利益表达和诉求，提高中央层面组织决策的民主性和科学性，使中央和地方组织间、同级组织间形成一种可靠长效的利益协调和平衡机制，防止基层组织和非政策制定组织通过规则外的非正常途径进行利益的索取。第三，构建和完善多维度的监督机制。此机制要求，监督不仅来自上级组织对下级组织，也来自下级组织对上级组织，还来自同级别的利益相关组织之间。通过完善多维度的监督机制，对破坏组织间权责划分的行为和责任者进行法律制裁。

3. 建立政府与社会组织协作机制

社会组织是今后进行社会管理的重要主体之一，社会组织参与社会管理，对规避政府单一主体进行社会管理形成的“政府失灵”以及提高政府工作效率有着重要意义。建立政府与社会组织协作机制，从规范的角度，固化政府和社会组织的良性互动，避免两主体间的矛盾与冲突，使政府与社会组织协调进行社会管理。

建立政府与社会组织协作机制应从以下几方面着手：第一，构建政府与社会组织协调机制。整体性社会管理要求政府与社会组织形成并列的社会管理主体，因此两者之间的沟通与协作应该通过政策法规进行固化，并形成成文的争端解决流程，以规范两者之间的权责，避免争端和矛盾对社会管理造成消极的影响。第二，构建和完善政策制定机制。政府和社会组织作为并列的社会管理主体，应通过健全的政策制定机制，共同、平等地参与社会管理政策的相关制定，以保证政策的制定符合社会福利水平的改进方向。第三，构建利益和风险均摊机制。在社会管理过程中，社会管理主体可以获得大量收益，包括利润、声誉等，同时也承担可能的风险，包括财务风险、声誉风险等。因此，政府与社会组织在社会管理过程中应该通过确定的制度共同享有收益，并承担相应的风险。第四，构建政策协同执行机制。原先政府拥有大量资源而由于自身体制原因在运营中缺乏效率，社会组织天生运营效率较高但缺乏资源和政策支持。在整体性社会管理中，两者形成平等互助的合作关系，通过制度化运营，在政策执行过程中应扬长避短，协同执行。

4. 建立决策权、执行权和监督权互相制约与协调机制

整体性社会管理涉及各级政府、政府部门以及诸多社会组织的共同协调与参与，在多主体合作中，权责的合理分配是组织能够稳定并和谐发展的基础。而决

策权、执行权和监督权是组织运行中重要的三大权力束，合理分配三大权力束，使之形成相互促进、协调与制约的良性关系。

建立决策权、执行权和监督权互相制约与协调机制应从以下几个方面着手：第一，对决策权、执行权和监督权进行分解，将这三种职能交由完全不同的部门或组织进行相对独立的使用，使这三种职能彼此之间既能相互制约，又能相互协调和分工协作，确保权力的运行过程更加科学与合理，同时也能避免“权力部门化”和权力滥用的现象发生。第二，权力运行过程更加透明化。在权力运行科学和合理化的基础上，在不影响国家整体利益的前提下，进一步规范和公开行政权力的运行过程，通过社会的有力监督确保决策的科学性、执行的合理性以及监督的有效性。第三，合理配置各部门和组织的内部权力，严格界定各项权力的使用边界，限制和规范权力的使用，打破原有的组织内部利益和组织间的灰色利益链条，形成组织内部的权力制约与协调机制。第四，健全法律和规章，通过法律条文明确职能的分工、责任的划分，确保权力的运行在法律所限定的范围内。

6.2 基于社会质量理论，实现社会管理水平提升的对策建议

从宏观层面对整体性社会管理进行构建，为实现社会管理的转型升级提供了组织和制度两个维度的保证。但具体到新型城镇化要求的“人的管理和服务”，实现社会质量和福利的提升，仍然要从微观的社会管理对策着手，因此要回到基于社会质量理论的社会管理提升对策层面来。社会质量理论不仅是一种分析社会问题的基础理论，也是一种研究社会发展的新范式，其蕴含的社会（经济）保障、社会凝聚、社会融合和社会赋权四个要素，还是指导社会管理发展的四个有力切入点。社会（经济）保障主要指社会物质供给和生活状况，包括人民生存所需的基本条件与免于物质剥夺和安全剥夺的保障；社会凝聚则涉及社会的团结和整合的情况，聚焦于一个社会共同维持和享有的价值与规范；社会融合涉及公民的权利，主要指现有的社会制度对社会群体的包容；社会赋权涉及公民参与社会互动的能力与实现，主要指公民参与社会关系的范围以及达到的程度。这四个要素互相配合，指出了如何提高社会质量，实现社会的发展。

综上所述，微观社会管理的有效提升对策将根据社会管理的四个要素展开。

6.2.1 推进公共服务建设，增强社会保障

保证人民生存所需的基本条件与免于物质剥夺和安全剥夺的保障，聚焦人民社会物质的供应和生活状况，这既是社会管理提升的物质基础，也是社会（经

济）保障的主要内容。从社会（经济）保障维度着手，应做到社会保障体系的完善和社会公共服务体系的健全。

1. 完善社会保障体系

社会保障体系是国家为保证经济增长和社会稳定，按照规定的法律法规，对国民收入进行再分配，当公民因疾病、伤残、生育、年老等原因丧失劳动机会时，政府和社会为满足其基本生活要求提供物质保障。近年来，我国改革开放进程不断加快，经济社会迅速发展，陈旧的社会保障体系已不能适应如今的经济和社会需求，因此必须对现有的社会保障体系进行改革和完善，建立一个公平、崭新的社会保障体系。

（1）树立公平、公正的分配理念。社会保障是一项完全公益、无营利但对于社会稳定和发展十分重要的事业，因此在社会保障体系中，政府居于主导地位。政府要制定和进一步完善社会保障的政策与法规，并通过民主管理和监督，确保社会保障体系的贯彻和执行，通过政策和法规的落实，将公平、公正分配的理念落到实处。

（2）加大对社会保障的资金投入力度。社会保障是一项惠及社会各阶层的重要社会事业，为保证社会保障体系的不断完善以及项目的正常运行，政府应该逐步加大对社会保障的资金投入力度，促进社会保障的福利水平不断提高。政府在财政支出中明确和保证社会保障的投入比例，建立社会保障财政支出的良性增长机制，并通过立法保证社会保障资金的落实和使用，建立社会保障财政问责制。

（3）统筹城乡社会保障发展，建立城乡居民全覆盖的社会保障体系。社会保障主要包括社会保险、社会救助、社会优抚和社会福利四个方面。

社会保险方面：第一，要严格、规范管理社保基金，防止全国社会保障基金的流失和贬值。第二，坚持社会统筹和个人账户结合的养老保险制度，积极探索、建立和完善符合农村居民的养老保险制度，进一步改善城市居民的养老保险制度，保证城乡老年人口的基本生活水平。第三，进一步完善失业保险制度，一方面推行积极的再就业政策，努力扩大再就业，另一方面对失业者进行政策和经济上的扶持和援助。此外，维护劳动者的合法权益，推进生育、工伤保险制度的建设进度。第四，构建全面覆盖城镇居民与乡村居民的公共卫生、医疗服务保障体系和药品供给保障体系，推进医疗卫生制度改革，鼓励农村居民加入新农村合作医疗。总之，努力实现社会保险的全覆盖，提高社会保险对城乡居民生活保障的效度，加快建设新时期社会保险体系。

社会救助方面：通过调研和听证，逐步扩大和完善各项救助的范围，弥合城乡社会救助之间的差距，关注农村居民以及农民工群体的社会救助供给。为被救助者提供涉及物质、精神、技能等多方面综合的救助服务，培训其生存技能，提高其自我脱贫的能力。

社会优抚和社会福利方面：对待特殊工作者及家属、老人、儿童和残疾人等特殊群体的社会保障服务是社会保障体系的重要组成部分。在社会优抚和社会福利中，应确保城乡对应群体的补贴符合当地生活水平，并随着经济的发展而动态增长，同时要注意政策和补贴落实到位，并注重对这些特殊群体的精神补贴，定期的慰问和看望是十分必要的。

（4）引导社会参与社会保障体系建设。社会保障是一项宏大的事业，政府即使拥有巨大的资源，也会在社会保障实践过程中出现暂时性的资源短缺和人力缺乏等情况。政府要从政策层面鼓励、支持和引导社会各界积极参与社会保障事业，社会多级力量的共同参与、分工协作能够促进社会资源的整合，优化社会资源在社会保障领域的配给，提升社会保障工作的效率和效度，形成广覆盖、多层级的社会保障体系。

（5）大力发展社会保障体系的补充成分。充分调动和激活家庭、街道与社会自身的保障功能，鼓励和引导商业保险发展及参与社会保障体系的建设，让其成为社会保障的补充成分，弥补社会保障的不足，建立以社会保障为主、商业保险与社会互助为辅的新型社会保障体系。

2. 健全社会公共服务体系

政府社会管理的重要内容之一就是为公民提供良好的公共服务和公共产品，而这也是维护社会稳定、推动社会公平和支持社会发展的必要条件之一。随着改革事业的不断推进和社会经济的飞速发展，我国人民对公共服务的需求也在增长和变化，而公共服务体系的僵化导致了现今的公共服务供给不足和质量较低等问题的产生。因此，建立一套与时俱进、惠及全民、质量较高的公共服务体系已经迫在眉睫。

（1）政府要加大公共服务的支出额度，不断强化公共转移支付。社会公共服务事业涉及教育、医疗、卫生、科技、文化、体育和社会保障等多个方面和领域，这些社会公共服务事业的发展都离不开政府的财政支持。随着社会的发展，社会公共服务支出占财政支出的比例也要不断提高，以确保公共服务数量和质量的提高能够满足人民日益增长的需求。同时，政府还需加强转移支付的力度，注重农村居民、中西部欠发达地区人民以及低收入群体，给予其适当的补偿，提高社会的整体福利水平。

（2）推进公共服务均等化的建设。实现公共服务均等化，是指全国人民公平享有平等的基本生存和发展的条件。但由于国家、地区以城乡多个层面经济的非均衡发展，不同地方的个人可支配收入和地方财政收入差距在逐渐扩大，从而造成不同地域的基础设施建设、公共医疗、公共卫生、基础教育等社会公共服务水平存在较大的差距。因此，国家推进公共服务均等化应从两个维度着手：一方面，从地区上进行划分，对民族地区、贫困地区和革命老区等经济较为薄弱的省市进行财政补贴，专款专用于公共服务的建设与提升，加快地区之间的公共服务水平差距的弥合。另一方面，从人群收入水平上进行划分，对低收入群体和弱势群体加大扶持的力度，通过货币化补贴和免费公共服务的供给等方式，使这些特殊人群在就业、教育、医疗和住房等方面享有均等水平的公共服务。

(3) 引导公共服务社会化。引导社会力量参与公共服务，其实质也是政府分权和放权的过程，将本应由社会承担的社会公共服务的职责交还社会，由社会自己提供公共服务的供给。引入市场机制和社会力量参与，不仅减轻了政府负担，便于政府将有限的资源和精力转移到政府工作的其他领域，还有利于提高资源的配置效率和公共产品及服务的供给效率和质量。政府一方面应制定相应的规划和严格的制度规范，给予政策扶持和指导，引导社会投资逐渐承接公共服务的职责，并抑制无序和恶意竞争，保证公共服务供给的低价和高质。另一方面，政府可以采取政府购买的方式，与社会组织合作提供公共服务，形成多元化供给的公共服务体系。此外，政府应建立事前、事中和事后的监管机制，确保公共服务供给的良性运转。

6.2.2 塑造社会核心价值观，增强社会凝聚

经济快速发展带来了物质生活水平的迅速提高，全球化进程的加速也引入了诸多西方思潮，我国社会逐渐沉迷在物质的享受和精神的迷茫中，社会核心价值观缺失的问题已经越来越严重，而这个问题已引发了诸多社会问题，并已影响到社会的团结与稳定。塑造社会核心价值观，加强非正式制度文化对社会的正向影响，增强社会凝聚已经刻不容缓。

1. 社会核心价值观的提炼

塑造社会核心价值观，必须先提炼和确定其内涵。经济社会的飞速发展带了社会环境的巨大变化，而人民群众的生活习惯和举止行为也已与原来截然不同，而原本社会各层普遍承认的价值观念和行为规范也在逐渐淡化，其相当程度的原因是原先的价值体系并未随着社会环境的改变而调整，加上宣传不力等因素的影响，原本社会价值观念逐渐失去了影响。因此，新时期的社会核心价值观一定要与新时期的社会环境相适应，同时要继承和发展传统价值体系中的优良基因。社会核心价值观应该包含以下几个核心要素：

(1) 以人为本。以人为本是对我国传统文化精粹的继承和升华，是对“民为本”的传统理念的发展，也是对西方人本主义的借鉴，也是对新型城镇化诉求的回应。以人为本强调将人的发展和价值的实现视为社会发展的根本，注重人的管理和服务，尊重人、关心人，满足人的多方面物质需求和精神需求，努力完善、保障和实现人的基本权利，最终达到人与社会的和谐发展。

(2) 公平正义。所谓公平正义，公平是指对待人或事要一视同仁，正义是指给予每个人所应得的，正义强调的是社会的价值取向，公平侧重的是衡量标准

的同一尺度①。公平正义首先是社会制度设计和安排的重要依据，保证民众间存在基本的行为规范，增加民众间的信任；其次，公平正义是调节社会利益分配的有力杠杆，随着经济社会发展，社会阶层和利益越来越分化，坚持公平正义可以维持多元利益主体的利益均衡，对社会合作利益进行适当的分配，维持社会稳定；最后，坚持公平正义的分配原则，可以调动社会各阶层和大部分社会成员的积极性，保证社会健康、可持续发展。

（3）人民民主。人民民主的实质就是人民自己的选择、自己的统治，民主不仅是解决生计的手段，也是人类共同发展的目标，更契合了人类天性的追求②。民主作为人类矢志不渝的价值追求，其能保证人民的基本人权，给人民提供平等的机会。同时，人民民主也是社会主义民主政治的本质要求和核心价值，也是汇聚每个社会个体力量，促进社会团结，实现人民参政议政的重要途径。因此，人民民主必然是社会核心价值观的重要核心要素之一。

（4）共同富裕。共同富裕是指在消除两极分化和消灭贫穷的基础上的全国人民的共同富裕，包括物质生活和精神生活两个层面上的满足。共同富裕是社会主义的本质要求和目标，强调社会整体福利水平的提高。同时，共同富裕很大程度上消除了阶级间的对立，人民共同享有社会进步的结果，实现在物质和精神两个层面上的满足。可见，“富裕”内涵丰富且具有特殊的价值和意义，理应成为社会核心价值的构成要素。

综上所述，社会核心价值应该是在以人为本、公平正义、人民民主和共同富裕四个核心要素联系和配合的基础上发展形成的价值取向和行为规范的集合，指导和规范社会各阶层和个体之间的社会活动，并能有效促进国家政治、经济、文化、社会的全方面发展。

2. 社会核心价值观的构建

（1）注重政策调控。政策调控具有权威性、广泛性和引导性，由于政策与人民的生活是息息相关的，因此能够有效调节人民的社会活动。社会核心价值观的构建必须由国家层面的政策支持和保证，才能具有权威性，并且才能得到国家的允许通过各种途径和方式在全国范围内顺利展开。通过政策引导广大民众的价值取向，逐渐帮助人民梳理社会核心价值观，制定的政策需要符合人民群众的利益，并体现出社会核心价值导向。如在利益分配政策方面，贯彻多劳多得，同时注意公平正义，对资源进行再分配，时刻维护和体现社会核心价值观的价值取向。

（2）加强舆论引导。马克思认为，人能创造环境，而环境也能创造人③。这

① 吴忠民．“公正”与“公平”之辩［N］．光明日报，2007－08－14.
② 闫健．民主是个好东西——俞可平访谈录［M］．北京：社会科学文献出版社，2006：3.
③ 马克思，等．马克思恩格斯选集（第1卷）［M］．北京：人民出版社，1995：87.

既讲述了人与环境的辩证关系，同样也阐明了人与环境的相互影响。社会舆论对社会环境的影响十分巨大，其对社会核心价值观构建的影响也不可低估。社会舆论主要指舆论主体对某些社会活动和个体的评价，这种评价通过广泛的传播后对社会大众价值的取向产生了影响。因此，加强舆论引导首先要保证舆论导向的正确性，通过正确的舆论宣传，引导群众逐渐形成正确价值取向和行为准则。其次，通过舆论宣传营造良好的认同社会核心价值观的舆论环境，通过各种媒介如网络、电视、书籍等，营造良好的社会氛围，对人们在生活中的价值取向进行潜移默化的影响。最后，注重发挥榜样的力量，树立具有代表性的典型性人物和集体。个体对榜样的模仿是道德学习的主要形式，通过对模范个体和模范集体的宣传，给予其他社会群体学习和模仿的参照，这也是推进社会核心价值观认同的重要途径。

（3）重视思想教育。价值观教育是根据社会设定的价值目标有组织、有计划地施加在社会个体身上的系统的影响过程，政策、舆论和制度等属于一种外在力量的引导和约束，而思想教育则强调一种内在的启发，将社会核心价值观根植在人们心中，任其发展成长后转化为人们自觉的认同。思想教育的加强要通过学校教育和社会培训两个方面进行，学校教育针对在校青年，使其成长期间树立正确的价值观和人生观；对步入社会的工作人员，要有组织地进行多种形式的培训，如观看电影等，强化价值观的影响。两者有效衔接，让正确的价值观伴随人们的成长和生活。

（4）加快制度建设。政策、社会舆论和思想教育是“软”的约束，其更多是引导人们，要求人们自觉向正确的价值观靠拢，但缺乏强制性。而错误的价值观不仅影响社会个体在社会活动中的行为选择，而且更严重的是，有可能使个体做出伤害他人和社会的事情，这时就需要制度和法律对其采取强制的措施，保护其他人的权利，而法律就是这种“硬”的约束。因此，我国需要从制度层面加快进行社会核心价值观的影响和约束，从法律的内容、执行等方面，引导和约束人们的行为，由外而内地影响人们社会核心价值观的形成。

6.2.3 加快法制化建设，增强社会包容

法律制度是社会行为的规律和准则，规定着经济运行的秩序和民众进行社会活动与社会交往的关系。当制度健全、所有社会活动照章办事时，公民的各项权利都能得到有效的保证，社会各层级和社会个体之间更容易打破现有的社会结构壁垒进行社会交往，提高社会包容的程度。因此，加快法制化建设的进程和完善制度创新的机制将是增强社会包容的有效途径。

1. 大力加强法制化建设

（1）进一步完善立法内容。无规矩不成方圆，任何工作的规范和有序进行

都建立在完善的法制体系的基础上，而法制体系的根基就是法律的内容，也就是法条。完善的法律内容可以覆盖社会生活的方方面面，用法规和制度来规范、引导社会主体的活动，可以化解社会矛盾和冲突，进而形成良性运营、问题解决和创新发展的长效机制。目前，我国各层级的法律、法规和规章还不健全，立法不够完善，法律法规不够严谨。完善立法内容，应从以下几方面着手：首先，严格按照程序，结合新时期社会的需求，对宪法和专门法的内容进行修订和增改；其次，完善中央部门和地方各级行政组织法规内容的建设，灵活应对、快速反应社会环境的变化和需求；再次，完善街道办事处的组织法规，仅依靠 1954 年出台的、内容简单的《城市街道办事处组织条例》已远远不能满足实际工作的需求；最后，还要完善对社会组织的立法工作，社会组织已逐渐成长为社会管理中不可忽视的一股力量，必须在制度的体系中发挥其优势和作用。

（2）合理分解执法职权。执法职权不明晰是执法过程中的主要障碍，因此合理分解执法职权是对此问题的有效应对。首先，按照现代法制社会的“权力法定”原则，逐项列出执法部门的执法职权，形成明确的“权力清单”，明确各项权力的边界；其次，针对执法部门的各项执法职权，逐项列出相应的法律依据，以便法律在“阳光”下运营，接受社会大众的监督；再次，合理划分和厘清执法部门的管理层级和管理幅度，一方面尽可能减少行政层级，同时要兼顾管理幅度，平衡效率和效度之间的关系，另一方面根据社会环境和形势的发展需要，对不同层级间的相关部门隶属关系进行调整，有效应对不同的社会问题；最后，分解执法职权时，对相应的行政职责进行打包分配，避免权责分解后出现部门冲突的混乱局面。

（3）明确执法主体。执法主体是依法进行国家事务和社会事务管理的行政机关或组织，是各类法律、法规和规章文件的执行者。明确执法主体是加强法制建设的重要内容：一方面，要严格贯彻“职权法定”原则，清晰界定执法的主体。在现代社会执法过程中，被授予执法权的组织和个人可以在特定的场合依法行使执法权，因此社会大众如何辨别各种行使执法权的主体，如何判断执法主体行为到底属于照章执法还是公权私用成为难题。因此，通过制度健全和标识的明晰，明确界定执法主体是十分必要的。另一方面，要严格规范和监督执法主体。在执法实践中，不合法行使执法权的现象较为突出，必须严格规范执法主体的行为，并且对执法主体进行有效监督。对组织管辖范围内的执法主体进行汇总和分类，定期向社会公布，有效加强社会的监督和参与。

（4）加强执法队伍建设。执法人员应知法、懂法、守法，并在执法过程中严格按规章办事，以身作则，这样许多社会问题就会迎刃而解。因此，建设一支优良的执法队伍也是法制建设的重要组成部分。首先，要严把执法人员选拔的进口关。对执法人员的招录招考、资格审查等选拔流程要严格把关，择优录取，保证新进人员的综合素质。其次，注重培训和实践。对新进人员要进行岗前培训，确保这些新进人员在执法过程中的公平、正义。对老员工也要进行定期的再培训教育，防止其出于贪小便宜的心理而违规执法。同时，对全体执法人员有一个共同的要求：要注重理论联系实践，注重实践中的学习和检验。最后，对执法人员要进行定期的考核。出于各种原因，行政部门不注重考核，对于执法人员违规问题，往往处理较轻，不能有效杜绝违规行为的产生。因此，要定期进行工作能力和平时工作水平的考核，并将考核结果与人员任免、晋升、薪酬福利结合起来，确保考核的有效性。

（5）规范执法行为。对执法行为的规范和管理主要注重以下三个方面：一是要防止执法不作为。当执法主体进行执法活动时，一旦出现违法或违规行为，就容易被执法客体或周围民众发现，但当执法主体不作为时，民众往往很难发现。因此，要严格规定执法主体不作为的行为界定，防止执法不作为造成的社会损失。二是要规范自由裁量行为。由于法律规章内容的不甚完善和社会活动的复杂多样，执法主体在实践过程中时常处于在法规的基础上进行自由裁量的场合。执法机关应该一方面对自由裁量进行广泛性的指导，另一方面对经常出现的涉及自由裁量的事件进行规整，逐步形成规范性的处理意见，减少自由裁量的空间。三是坚守程序正义。执法行为是一个维护法律权威、依法惩戒违法犯罪的神圣行为，必须严格按照法定程序进行。现有的法定程序一般从大局出发，距离实践执法过程的步骤还有一定差距，因此行政执法部门必须严格担负起责任，充分规范执法过程，将法定程序的要求落到实处，坚持程序正义，这样才能保证结果正义。

2. 构建和完善制度创新机制

承前文的分析可以看出，我国的法制建设已然落后于时代的发展，不能适应新时期社会管理的需求，加强法制工作的建设已经刻不容缓。但若只是不断地被动遇到问题，发现制度层面的落后和缺陷，再通过修订和完善法律法规来加强制度建设以解决问题，制度的发展将永远落后于社会的发展，形成一个恶性循环。因此，要构建和完善制度创新机制，灵活应对和快速反映社会发展中不断遇到的新问题，及时有效地予以解决。

因此，完善组织领导，加强机构间沟通与协调，以切实有效的运作机制保证社会法制建设的自主创新与发展。一方面，中央政府要给予相应的政策支持，给予基层政府更加灵活的制定地方性法规的权力，确立其法律地位，但同时要制定相应的约束和考核办法，严格规范和限制其立法权力的运行，既要保证权力运行的有效性，又要划清权力的运行边界；另一方面，对立法权力的分解要逐级进行，从省到市再到街道和社区，均要有相应的机构和组织负责相应的法规、规章等制度的设计和执行，充分发挥各个层面的自治能力。通过中央政府的政策支持和各级基层政府与组织的机构配合，建立完善的自主创新机制。

6.2.4 构建多元化主体社会管理格局，增强社会赋权

在过去的社会管理领域，政府一元社会管理主体的特征十分突出，政府包办了社会事务和社会生活的方方面面。新时期，社会发展的趋势要求社会管理主体从一元走向多元，从封闭走向开放，从管制走向协作。在多元化的社会管理格局下社会组织承担了部分管理职责，政府发展和健全了多元化主体参与的机制，建立了公民参与的有效渠道。通过赋予全社会共同参与社会管理的权力、健全保障机制和参与渠道、提高社会赋权的程度，构建了“强政府—强社会”、政府和社会组织双核驱动、多元化主体的社会管理新格局。

1. 积极培育社会组织

随着社会的发展和演变，社会组织必然是社会管理的主体之一。在西方发达国家的社会管理领域，社会组织是独立政府、企业之外，自发形成的一种社会力量。目前，国内社会组织的发育现状是：部分社会组织行政色彩浓厚，为社会所急需的独立性社会组织发育缓慢。但就全球和国内发展的经验和趋势来看，社会组织是经济社会发展中必不可少的一股重要力量，不仅能够为社会管理和公民参与提供新的机制和渠道，在协调社会关系、缓解社会矛盾和社会冲突、建立社会利益诉求表达机制等方面也发挥了重要作用。现阶段，我国社会组织发展仍处于初级阶段，发展中面临诸多问题，如发展的政策环境不够宽松，内部的管理理念、管理方式和内部体制等方面也相对滞后。

社会组织是社会管理的润滑剂，是政府连接市场与社会、党联系群众的桥梁和纽带，在社会管理中具有积极的作用和重要的意义。党的十八大报告中明确指出，要建立现代化的社会管理体制，引导社会组织的健康有序发展，加强和创新社会管理。因此，大力发展和培育社会组织是社会管理创新和转型升级的重要内容，也是必然选择。

（1）创造良好的政策环境和法律环境。首先，要充分认识和承认社会组织在社会管理中的重要性，从思想源头进行观念的改变和革新；其次，加快政府向社会组织购买服务的进程，加大中央财政对社会组织发展的资金支持力度，为社会组织的发展和壮大提供充沛的资金保障，同时要建立和完善基层政府对社会组织属地管理的资助制度，构建协作型政府与社会组织的新型社会管理主体关系；再次，对社会组织的税收政策进行改革，简化和落实社会组织的税收政策，鼓励和引导全社会参与和支持社会组织，同时利用税收在内的经济杠杆对社会组织进行经济方面的再补贴调控；最后，制定和完善社会组织运营和发展的相关法律法规，为社会组织参与社会活动和社会管理提供法律依据，同时也可以规范社会组织的发展和内部管理及运营机制，避免其无序发展和混乱运营，从法律和制度层面为社会组织发展提供良好的外部环境条件和内部环境约束，推动社会组织的健

康、快速发展。

（2）去行政化的社会组织管理体制改革。去行政化的社会组织管理，就是要淡化行政色彩，避免过多的行政干预，并且推动政府将社会管理的职责（如一些微观层面或社会公共服务等）向社会组织转移。首先，政社分开。使政府与社会组织在体制上脱离，将原有官方机构和人员插手的社会组织完全独立出来，按照现代市场经济体制下的社会组织经营模式进行改革，激发社会组织自我发展的活力。其次，降低社会组织的准入门槛，简化其登记和操作流程。在规范管理和约束的基础上，对社会组织的申办尽可能予以支持，并在其日常运营中，减少不必要的行政审批数量，激发和引导社会各界参与和支持社会组织。最后，尽量减少行政干预。改革过去社会组织多头管理的格局，将社会组织的有关事务管理交由统一部门进行整理、协调和管理，并对管理部门进行严格的行政行为限制，在社会组织良性运营的同时，尽量减少对社会组织的任何行政干预。

（3）建立和完善社会组织的监督机制。社会组织健康有序的发展不仅需要良好的内部环境和外部环境，还需要有成熟的监督机制，通过政府、社会、公众还有社会组织自身全面参与，形成全方位有效的约束机制，让社会组织在阳光下运营。首先，要注重事前预防，通过健全的规章制度，明确界定社会组织处理社会事务的步骤和程序，严格按照规章办事，能起到提前有效预防的效果。其次，要注重事中和事后的监管，无论是在处理事务的过程中，还是在结束后，都要对事务的处理进行有效的审核，确保其社会管理按照正常的运行轨道发展。最后，注重民主管理和民主监督。在社会组织运营中，注重公民参与社会组织的管理职能，实现权利的民主化。并且在做好社会组织内部监督的同时，健全外部民主监督机制，形成社会组织运营中内外结合的、多层次的有效监督机制。

（4）提高社会组织公信力。社会公众对社会组织的信任程度是决定其能否有效进行社会管理的基础，具有十分重要的意义。一方面，要充分利用各种媒介对组织规范、遵纪守法、社会管理和服务卓有成效的社会组织进行广泛宣传，提高社会组织的整体形象，营造良好社会舆论环境。另一方面，从培训和规范管理入手，提高社会组织从业人员的专业技能和综合素质，不断规范社会组织的管理和运作，实现社会组织内部的规范化、制度化运营，并强化社会组织的社会责任感，通过社会组织自身的良性运营和卓有成效的社会管理，潜移默化地提高社会公众对社会组织的信任度。

2. 发展和完善多元化主体参与

奥斯特罗姆夫妇的理论研究让社会管理的相关研究掀开了崭新的一页，他们让世界各国认识到在社会管理过程中“非政府”和“非市场”机制的巨大作用，他们指出了社会管理与公共服务是一个提供多种选择性的多元体制①。通过社会管理体制改革，我国试图建立一种“党委领导、政府负责、社会协同、公众参与、法制保障”的社会管理格局，这是一种政府、社会组织和公民共同参与的多主体新型合作管理模式，符合新时期我国的发展需要和发展趋势。目前，在我国现行的社会管理中，囿于各种因素的影响，社会组织的影响力很小，公民参与不足，社会管理多元主体形态尚未形成，因此，要重视公民参与的有效实现，充分发挥社会组织的作用，在政府的有效引导下，最终形成政府主导下、社会组织和公民充分参与、多方协同的多元主体共同参与的社会管理格局。

现阶段，公民并没有真正地参与社会管理，而要改变现状，必须注意以下几点：首先，要加强公民的文化教育，培育公民的参与意识。我国的公民平均素质水平与发达国家相比，仍有差距，因此本质上存在社会管理主人翁意识的缺失。要通过基础文化教育，唤醒公民当家做主的意识，并培养其依法办事、发扬民主的社会行为态度。其次，拓宽公民参与的渠道。街道、社区、居委会等其他基层政府组织是公民参与的主要组织形式，落实民主选举、民主管理、民主决策和民主监督是公民参与的政策保障。而进一步拓宽公民参与的渠道和范围，一方面要发挥社会组织的基层凝聚作用和诉求表达作用，另一方面要健全政府的社会公示、听证制度、专家咨询与论证制度、信访制度，全方位收集公民对社会管理的建议，真正落实公民参与制度。最后，规范公民参与的行为。发挥文化素质教育和道德规范的约束作用，使公民以积极、负责、合理合法的态度和行为，有序参与到社会管理中。此外，要加强法制的保障，确保公民参与的良性运行。同时加强公民的民主法治教育，提高公民自身的法律和诚信意识，从而自发遵纪守法、有效有序地参与社会管理。

发展和完善多元主体参与，需要充分发挥社会组织的作用。第一，充分发挥社会组织自身参与社会管理的作用。社会组织是社会管理的重要主体之一，其主要职责包括承担起社会管理的部分责任，并为社会提供公共服务。政府应转移部分社会管理职责，提供社会组织成长和参与社会管理的空间，实现社会组织的社会管理参与。第二，充分发挥社会组织与民众一起参与社会管理的作用。社会组织和公民都是社会管理的主体，公民是社会组织的构成个体，而社会组织又是公民的结群和集合，两者之间的关系决定了只有它们协调互动才能实现社会管理的有效参与。具体来讲，公民除了听证、选举等通过政府渠道实现的社会管理外，其较难实现社会管理参与的权利，社会组织可以有效集中各公民分散的利益诉求，通过组织与政府的沟通达到公民诉求的表达和社会管理的有效参与。第三，充分发挥社会组织的串联作用。社会组织和公民既是社会管理的主体，同时也是

---

① ［美］迈克尔·麦金尼斯．多中心体制与地方公共经济［M］．毛寿龙，译．上海：上海三联书店，2000：4.

社会管理的客体。社会组织作为一个集体和机构，与政府之间的信息沟通失真度较低，因此较容易与政府沟通、协调，易接受政府的管理。而公民作为单独的个体，经常由于信息的不对称而在与政府沟通的产生矛盾和分歧，进而拖延某些具体社会事务的管理进程。社会组织作为贴近群众又能有效与政府沟通的组织和机构，要充分发挥纽带和串联作用，让公民和政府在社会组织的协调和参与下良好沟通，达成共识，合理实现多元化主体的社会管理。

6.3　小结：构建基于社会质量提升的整体性社会管理

新型城镇化的进程正在如火如荼地展开，城镇化作为一系列公共政策的集合，由传统城镇化向新型城镇化转型过程中，必然引发社会管理领域全方位的变革，同时现行社会管理弊端丛生，已不能适应新时代社会发展的需求，转型升级是唯一的路径。为应对具有高度碎片化特征、社会质量较低的社会管理问题和缺陷，构建基于社会质量提升的整体性社会管理是社会管理转型升级的必然选择。在宏观层面，通过整体性社会管理的组织构建与制度构建，形成一个完整的，纵向、横向整合的整体性社会管理体制；在微观层面，通过公共服务建设——增强社会保障、社会核心价值观建设——增强社会凝聚、社会法制化建设——增强社会包容、多元化社会管理主体建设——增强社会赋权四个维度的社会管理提升对策，实现具有社会质量的社会管理转型。结合宏观的体制构建和微观的发展对策，形成一个完整的社会管理系统，由此构建基于社会质量提升的整体性社会管理，以适应新型城镇化的发展需求，并与其再次形成互相促进的良性运行态势（见图6－1）。

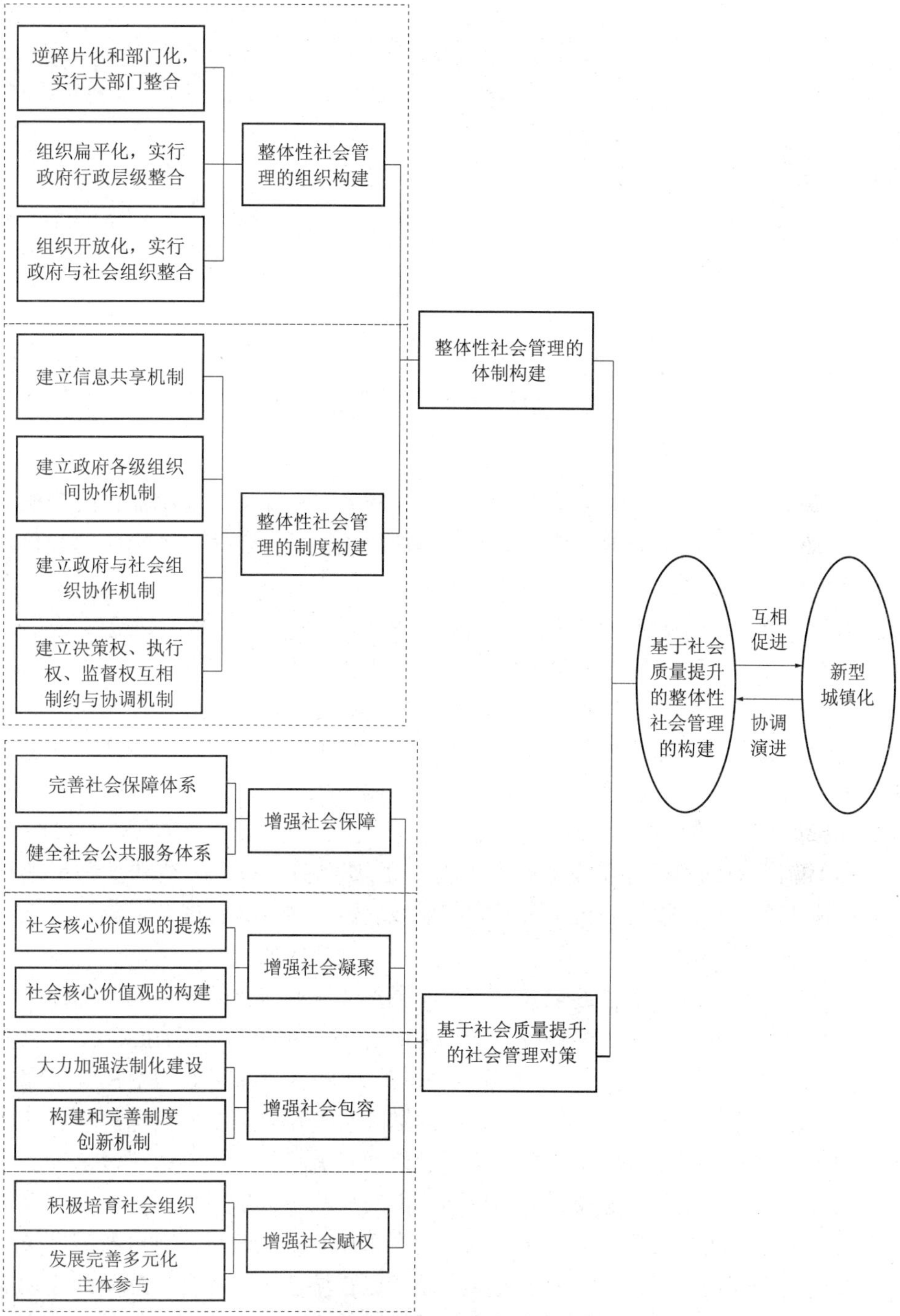

图6－1 基于社会质量提升的整体性社会管理的构建

7
结　语

7.1　研究内容与结论

处于新型城镇化战略转型的中国，在自身环境中，社会管理面临着诸多现实问题，而全球化背景下的国际环境呈现出的复杂性、不稳定性、风险性也给我国社会管理提出了严峻的挑战。新型城镇化是我国社会的第三次变革，其一改过去单纯以经济增长为导向的政策理念，提出了“以人为本”的核心理念，这是国家物质发展到一定阶段后对人价值实现的必然追求，也弥合了以往“以物为本”的理念发展下经济与社会的鸿沟。在新型城镇化的背景下，社会管理如何进行调整和转型升级，以怎样的社会管理体制改革，才能缓解和解决以往经济社会发展遗留下来的问题，并更加适应和推动新时期的经济社会发展？本书正是为了回答这个问题而开始了研究，主要研究内容与结论如下：

（1）通过对国内外相关文献和研究成果的涉猎和梳理，归纳和总结了现有研究的成果和不足。现有的相关研究较多地将城镇化与社会管理两者割裂开来进行探讨。国内对于城镇化的相关研究早期集中于城镇化的概念、特征、阶段划分和发展动力等理论性研究，近年来国内学者更多关注城镇化的指标测度和传统城镇化的负面效应及发展对策的研究。国内对社会管理的研究成果在 2010 年以前较为缺乏，在 2010 年以后社会管理的相关研究成果呈现井喷式的增长，研究主要集中于社会管理的概念、内涵、特征、问题和对策建议等方面。国外学者的相关研究也存在缺乏以整合与系统的观点来看待两者关系的问题，由于政治经济体制的差异，我们对国外的经验只能借鉴而不能简单地采取拿来主义。由此可以看出，现有的研究成果丰硕，但在城镇化和社会管理间缺乏联系，对以新型城镇化为背景的社会管理进行系统性的研究存在缺失，在城镇化与社会管理间的互动演绎、新型城镇化与社会管理转型升级之间的耦合关系、新型城镇化背景下社会管理的提升策略等方面，还有较大的研究空间。

（2）整体性治理理论和社会质量理论都是近年来兴起的新型理论工具，其在多学科和社会领域展现出强大的生命力和较强的解释力。在本书的研究中对两者的理论内涵及其本土化应用进行了阐述，并以这两种理论为基础建立了本书的分析框架——新型城镇化进程中社会管理转型升级分析框架。对两种理论的理论结合和实践应用进行了探索，对今后理论的推广和应用提供了借鉴。

（3）本书分别研究和梳理了我国城镇化和社会管理发展的历史演变和阶段划分，分析了各阶段的不同特征。并对我国城镇化的发展历程和社会管理的历史演变进行了同时期的关联性研究。结合理论研究的基础，在比较和联系城镇化与社会管理发展历程后得出，无论是从阶段性来看还是从整体性来看，城镇化和社会管理两者互为动力、互为目标，在发展中两者相互协调、相互促进，呈现双螺旋共同演进的特征。同时，本书还构建了城镇化和社会管理的互动模型，研究和分析了传统城镇化、新型城镇化和传统社会管理、新型社会管理之间的匹配关系，得出了新型城镇化呼吁社会管理转型升级的结论。

（4）从新的分析框架对社会管理存在的问题进行了宏观和微观两个层面的分析。在现阶段新型城镇化的进程中，在宏观层面，社会管理碎片化特征明显，存在权利与资源的碎片化、功能和服务的碎片化、制度的碎片化和政策制定与执行的碎片化等多方面的社会管理体制问题。在微观层面，硬性的社会管理（重管控轻服务，社会管理公共服务欠缺）、片面的社会管理（重经济轻人文，社会核心价值观欠缺）、消极的社会管理（被动社会管理，缺乏主动制度供给和创新）、单一的社会管理（社会管理主体单一）等问题的存在，严重制约了社会管理质量的提高。同时，这两个层面的社会管理问题也阻碍了新型城镇化的发展。

（5）发达国家的发展历史较长，其城市化水平已高度成熟，其城市化与社会管理实践经验对我国经济社会发展有着重要的借鉴意义。美国和日本等发达国家在发展过程中的启示主要有：重视经济发展，强调工业化与城市化的同步推进；重视公用设施和公共服务的均等化，统筹城乡发展；政府积极干预，避免市场失灵，注重缓解经济发展中出现的社会问题；重视社会管理的多元主体参与，积极推动社会组织和公民参与社会管理，实现人民民主参与，构建多元化主体协同的社会管理格局；扶持和发展社会组织，切实发挥社会组织在社会管理中的核心作用，利用社会组织先天的优势提升社会管理的效率和效度。

（6）在整体性治理理论和社会质量理论的分析框架基础上，从宏观组织、制度建设和微观社会政策建议两个层面提出了构建基于社会质量提升的整体性社会管理的我国新型城镇化进程下的社会管理转型升级对策。在宏观层面，政府要通过逆碎片化、部门化、组织扁平化、组织开放化实现整体性社会管理的组织构建，再通过建立信息共享机制，政府各级组织间的协作机制，来构建完整的整体性社会管理体制。在微观层面，通过完善社会保障体系和健全社会公共服务体系来增强社会保障，通过社会价值观的提炼与构建增强社会凝聚力，通过加快法制化建设和完善制度创新机制增强社会包容性，通过积极培育社会组织和发展、完善多元化主体，实现以人为本的、具有社会质量的社会管理。宏观和微观两个层面的体制建设和社会政策共同组合成我国新型城镇化背景下社会管理转型升级的路径。

7.2 研究不足与展望

7.2.1 研究不足

新型城镇化和社会管理都是十分宏大的课题，也是我国今后经济社会建设和发展关注的焦点，笔者在本书的研究中尝试建立了两者之间的联系，进行一定的分析，并在分析的基础上提出了具有借鉴意义的对策和建议。一方面，新型城镇化战略转型时间尚短，整体性治理理论与社会质量理论也是新兴理论，在我国的相关本土化研究仍十分薄弱；另一方面，囿于笔者涉猎资料的有限性和能力与时间的关系，本书仍存在一些内容方面的不足。

（1）目前，国内对新型城镇化和社会管理的研究并未形成完善、成熟的理论体系和分析框架，加之受限于笔者的知识框架、理论水平和研究条件等方面，研究不可避免地存在一定程度的局限性，特别是对新型城镇化和社会管理的概念等方面的研究存在一定的局限性，有待于进一步完善。

（2）本书对社会管理存在的问题的分析建立在整体性治理和社会质量两大理论构成的本文分析框架基础上，因此研究的客观性存在一定缺失，在对新时期的社会管理问题的研究上存在内容丰富度和认识问题角度等方面的一些偏差，有待于今后进一步研究后加以完善和解决。

（3）新型城镇化进程中的社会管理是实践性较强的课题，对研究成果的检验仍要放到实践过程中。本书的研究更多是建立在资料和理论分析的基础上，力图建立指导实践前进的先进理论，因此对于落实到实践中的新型城镇化进程下的社会管理转型升级对策需要结合国家、社会和基层等多方面的具体情况，进行一定的变通，对政策建议与对策方面的科学性、价值性和可操作性的提升放入今后的进一步研究当中。

7.2.2 研究展望

行文至此，笔者对新型城镇化进程下社会管理的相关研究就告一段落了，而这一领域的研究才刚刚开始，通过 CNKI 的主题设定查询，可以发现新型城镇化与社会管理的研究热度不断升温，仍是理论界和实践界的研究焦点，现阶段的研究也取得了较为丰硕的成果，今后的研究可以从以下几个方面展开：

（1）一方面，新型城镇化毕竟是一个新出现的名词，对于它的定义，学术界未能取得共识，这促使人们对新型城镇化展开更加深入的研究。另一方面，新型城镇化战略转型的政策体系也有待进一步完善，而且在具体政策落实中也存在一定程度的缺失，这也是学术界今后研究的方向。

（2）社会管理的发展深受社会环境的影响，研究不能脱离社会环境独立进行。因此，研究应关注新型城镇化与社会管理之间的耦合关系与互动模型，本书也在此方面进行了探索，但仍待进一步深入。

（3）社会管理是一项实践性很强的研究领域，今后的相关研究应该更注重理论与实践的结合，注重政策建议的可操作性和科学性，这也是今后研究的努力方向之一。

参考文献

一、电子期刊报告类参考文献

[1] 党的十六大报告 [EB/OL]. [2002 - 11 - 17]. http://news. xinhuanet. com/ziliao/2002 - 11/17/content_693542. htm.

[2] 党的十七大报告 [EB/OL]. [2009 - 10 - 24]. http://news. xinhuanet. com/newscenter/2007 - 10/24/content_6938568. htm.

[3] 党的十八大报告 [EB/OL]. [2012 - 11 - 17]. http://news. xinhuanet. com/18cpcnc/2012 - 11/17/c_113711665. htm.

[4] 辜胜阻. 城镇化是最大的发展红利与增长引擎 [EB/OL]. [2013 - 02 - 20]. http://gx. people. com. cn/cpc/n/2013/0220/c222858 - 18188413. html.

[5] 胡锦涛. 在庆祝中国共产党成立 85 周年大会上的讲话 [EB/OL]. [2006 - 06 - 30]. http://news. xinhuanet. com/newscenter/2006 - 06/30/content_4772463. htm.

[6] 胡锦涛. 在中央党校省部级主要领导干部社会管理及其创新专题研讨班开班式上的重要讲话“扎扎实实提高社会管理科学化水平”[EB/OL]. [2011 - 02 - 20]. http://news. xinhuanet. com/politics/2011 - 02/20/c_121101348. htm.

[7] 韩晓晔. 城镇化不能脱离国情, 需新方针指引新路径 [EB/OL]. [2013 - 02 - 18]. http://www. chinanews. com/gn/2013/02 - 18/4573520. shtml.

[8] 姜平. 美国小城镇建设对中国的启示 [EB/OL]. [2010 - 06 - 02]. http://www. ccrs. org. cn/html/2010/06/5793. html.

[9] 李克强: 协调推进城镇化是实现现代化的重大战略选择 [EB/OL]. [2012 - 10 - 26]. http://theory. people. com. cn/n/2012/1026/c40531 - 19403044. html.

[10] 李克强. 新型城镇化的核心是人, 必须保护农民利益 [EB/OL]. [2013 - 03 - 17]. http://news. xinhuanet. com/2013lh/2013 - 03/17/c_115053973. htm.

[11] 宋健坤. 中国的第三次社会变革 [EB/OL]. [2012 - 12 - 06]. http://opinion. huanqiu. com/opinion_china/2012 - 12/3424306. html.

[12] 周永康. 在全国社会管理创新综合试点工作座谈会的讲话 [EB/OL]. [2012 - 02 - 07]. http://www. gov. cn/ldhd/2012 - 02/07/content_2060777. htm.

[13] 中共中央政治局召开会议研究加强和创新社会管理问题 [EB/OL]. [2011 - 05 - 30]. http://news. xinhuanet. com/politics/2011 - 05/30/c_121475082. htm.

[14] http://wiki. mbalib. com/wiki/.

二、中文著作类参考文献

［15］［美］阿兰·G·格鲁奇．比较经济制度［M］．徐节文，王连生，等，译．北京：中国社会科学出版社，1985.

［16］［美］安东尼·唐斯．官僚制内幕［M］．郭小聪，等，译．北京：中国人民大学出版社，2006.

［17］［美］奥斯特罗姆，等．美国地方政府［M］．井敏，陈幽泓，译．北京：北京大学出版社，2004.

［18］［苏］A·M·奥马洛夫．社会管理——某些理论与实践问题［M］．王思斌，等，译．杭州：浙江人民出版社，1987.

［19］中共北京市委社会工作委员会编写组．社会建设与社会管理创新研究［M］．北京：中国人民大学出版社，2012.

［20］［古希腊］柏拉图．理想国［M］．郭斌，张竹明，译．北京：商务印书馆，1986.

［21］［美］博克斯．公民治理——引领21世纪的美国社区［M］．孙柏瑛，等，译．北京：中国人民大学出版社，2005.

［22］柏学翥．城市化与公共管理创新［M］．北京：人民出版社，2012.

［23］陈玲．制度、精英与共识：寻求中国政策过程的解释框架［M］．北京：清华大学出版社，2011.

［24］陈振明，等．社会管理——理论、实践与案例［M］．北京：中国人民大学出版社，2012.

［25］程必定．从区域视角重思城市化［M］．北京：经济科学出版社，2011.

［26］程毅．城市化进程与农村合作医疗制度可持续发展研究［M］．上海：华东理工大学出版社，2011.

［27］［英］大卫·李嘉图．政治经济学及赋税原理［M］．丰俊功，译．北京：光明日报出版社，2009.

［28］邓小平．邓小平文选（1～3卷）［M］．北京：人民出版社，1994.

［29］丁元竹．社会发展管理［M］．北京：中国经济出版社，2006.

［30］丁元竹．中国社会建设：战略思路与基本对策［M］．北京：北京大学出版社，2008.

［31］窦玉沛．社会管理与社会和谐［M］．北京：中国社会出版社，2005.

［32］樊纲，吴良成．城市化：一系列公共政策的集合［M］．北京：中国经济出版社，2009.

［33］［美］罗伯特·T·戈伦比威斯基．公共管理案例［M］．汪大海，等，译．北京：中国人民大学出版社，2004.

[34] 顾朝林. 经济全球化与中国城市发展 [M]. 北京：商务印书馆，2000.

[35] 辜胜阻. 非农化与城镇化研究 [M]. 杭州：浙江人民出版社，1991.

[36] 胡宁生. 现代公共政策学 [M]. 北京：中央编译出版社，2007.

[37] 黄绍湘. 美国历史简编 [M]. 北京：人民出版社，1981.

[38] 黄晓鹏. 企业社会责任：理论与中国实践 [M]. 北京：社会科学文献出版社，2010.

[39] [美] 杰伊·M·沙夫里兹，阿尔伯特·C·海德. 公共行政学经典（英文版）[M]. 伊利诺伊：多尔西出版社，1987.

[40] 纪晓岚. 城市化与小城镇社会管理 [M]. 上海：华东理工大学出版社，2011.

[41] 纪晓岚. 城市化进程中若干社会管理问题研究：上海市徐汇区华镇研究报告 [M]. 上海：华东理工大学出版社，2012.

[42] 简新华，何志扬，黄锟. 中国城镇化与特色城镇化道路 [M]. 济南：山东人民出版社，2010.

[43] 厉以宁. 中国道路与新城镇化 [M]. 北京：商务印书馆，2012.

[44] [美] 林登. 无缝隙政府：公共部门再造指南 [M]. 汪大海，吴群芳，译. 北京：中国人民大学出版社，2002.

[45] [美] 刘易斯·芒福德. 城市发展史：起源、演变和前景 [M]. 倪文彦，等，译. 北京：中国建筑工业出版社，1998.

[46] 林水波，李长晏. 跨域治理 [M]. 台北：台湾五南图书出版公司，2005.

[47] 陆学艺. 中国社会建设与社会管理：对话争鸣 [M]. 北京：社会科学文献出版社，2011.

[48] 陆学艺. 社会建设论 [M]. 北京：社会科学文献出版社，2012.

[49] 罗炳锦. 创新社会管理　实施城镇化发展战略 [M]. 厦门：厦门大学出版社，2012.

[50] [美] 迈克尔·麦金尼斯. 多中心体制与地方公共经济 [M]. 毛寿龙，译. 上海：上海三联书店，2000.

[51] 马怀礼. 安徽省城镇化发展战略研究 [M]. 安徽：安徽人民出版社，2012.

[52] [德] 马克思，恩格斯. 马克思恩格斯选集（1～4 卷）[M]. 北京：人民出版社，1995.

[53] 蒙世军. 城镇化与民族经济繁荣 [M]. 北京：中央民族大学出版社，1998.

[54] [美] 全钟燮. 公共行政的社会建构：解释与批判 [M]. 北京：北京大学出版社，2008.

［55］汝信，等．2011年中国社会形势分析与预测［M］．北京：社会科学文献出版社，2011.

［56］邵静野．变革时代的社会管理创新［M］．北京：国家行政学院出版社，2012.

［57］世界银行．2009年世界发展报告：重塑世界经济地理［M］．胡光宇，译．北京：清华大学出版社，2009.

［58］孙柏瑛．当代地方治理：面向21世纪的挑战［M］．北京：中国人民大学出版社，2004.

［59］孙志祥．中国式社区治理：基层社会服务管理创新的探索与实践［M］．北京：中国社会出版社，2011.

［60］［法］托克维尔．旧制度与大革命［M］．钟书峰，译．北京：中国长安出版社，2013.

［61］童星．社会管理学概论［M］．南京：南京大学出版社，1991.

［62］王发曾．新型城镇化引领三化协调科学发展［M］．北京：人民出版社，2012.

［63］王国红．政策规避与政策创新——地方政府政策执行中的问题与对策［M］．北京：中共中央党校出版社，2011.

［64］王绍基．新时期基层社会管理的创新与实践［M］．上海：复旦大学出版社，2011.

［65］王振中．中国的城镇化道路［M］．北京：社会科学文献出版社，2012.

［66］魏礼群．加强和创新社会管理讲座［M］．北京：学习出版社，2011.

［67］魏礼群．新形势下加强和创新社会管理研究［M］．北京：国家行政学院出版社，2011.

［68］汪大海．社会管理［M］．北京：中国人民大学出版社，2013.

［69］汪大海，孔德宏．世界范围内的社区发展［M］．北京：中国社会出版社，2005.

［70］万军．社会建设与社会管理创新［M］．北京：国家行政学院出版社，2011.

［71］王俊秀，等．社会心态蓝皮书：2011年中国社会心态研究报告［M］．北京：社会科学文献出版社，2011.

［72］［古希腊］亚里士多德．政治学［M］．吴寿彭，译．北京：商务印书馆，1965.

［73］许学强．中国城市化理论与实践［M］．北京：科学出版社，2012.

［74］闫健．民主是个好东西——俞可平访谈录［M］．北京：社会科学文献出版社，2006.

[75] 严书翰，谢志强. 中国城市化进程 [M]. 北京：中国水利水电出版社，2006.

[76] 杨宏山. 合作治理与社会服务管理创新："朝阳模式"研究 [M]. 北京：中国经济出版社，2012.

[77] 俞可平，等. 政府创新的理论与实践 [M]. 杭州：浙江人民出版社，2005.

[78] 易善策. 产业结构演化与城镇化 [M]. 北京：社会科学文献出版社，2013.

[79] 张成福. 社会变迁与政府创新：中国政府改革 30 年 [M]. 北京：中国人民大学出版社，2009.

[80] 张维迎. 博弈论与信息经济学 [M]. 上海：上海人民出版社，1996.

[81] 赵德余. 政策制定的逻辑：经验与解释 [M]. 上海：上海人民出版社，2010.

[82] 郑德涛. 社会管理创新与公共服务优化 [M]. 广州：中山大学出版社，2012.

[83] 郑杭生. 中国社会转型与社区制度创新 [M]. 北京：北京师范大学出版社，2008.

[84] 郑杭生. 社会转型与中国社会学的理论自觉 [M]. 北京：中国人民大学出版社，2011.

[85] 周一星. 城市地理学 [M]. 北京：商务印书馆，2003.

[86] 曾培炎. 中国经济和社会发展第十个五年计划学习纲要辅导 [M]. 北京：人民出版社，2001.

[87] 曾凡军. 基于整体性治理的政府组织协调机制研究 [M]. 武汉：武汉大学出版社，2013.

三、中文期刊、学位论文类参考文献

[88] [英] 艾伦·沃克. 社会质量取向：连接亚洲与欧洲的桥梁 [J]. 张海东，译. 江海学刊，2010 (4).

[89] [加拿大] 阿兰纳·伯兰德，朱健刚. 公众参与与社区公共空间的生产——对绿色社区建设的个案研究 [J]. 社会学研究，2007 (4).

[90] 白筱宇. 社会管理创新研究 [D]. 武汉：湖北大学，2012.

[91] 曹海林. 从"行政性整合"到"契约性整合"：农村基层社会管理战略的演进路径 [J]. 江苏社会科学，2008 (5).

[92] 曹海林. 乡村和谐发展与农村基层社会管理创新的理性选择 [J]. 中国行政管理，2009 (4).

[93] 蔡继明. 论中国的城市化 [J]. 江苏行政学院学报，2012 (5).

[94] 陈振明，李德国．社会管理创新研究需要关注的几个问题［J］．东南学术，2012（2）．

[95] 陈振明，等．社会管理体制改革与社会管理能力的提升——基于福建省的案例研究［J］．2011（4）．

[96] 陈振明．从公共行政、新公共行政到公共管理学——西方政府管理研究领域的范式变化［J］．政治学研究，1999（1）．

[97] 陈振明，李德国，蔡晶晶．政府社会管理职能的概念辨析——《“政府社会管理”课题的研究报告》之一［J］．东南学术，2005（4）．

[98] 陈爱蓓．西方国家依法推进社会管理的理念、路径及其借鉴［J］．江海学刊，2011（5）．

[99] 程必定．新型城市化与城市群——中部崛起之路［J］．城市，2007（10）．

[100] 迟玉华．关于全面推进依法行政的思考［J］．职业技术，2007（6）．

[101] 狄金华．中国农村社会管理机制的嬗变——基于整合视角的分析［J］．吉林大学学报，2012（3）．

[102] 狄增如．系统科学视角下的复杂网络研究［J］．上海理工大学学报，2011（2）．

[103] 丁元竹．当前加强和创新社会管理面临的十大问题［J］．行政管理改革，2012（1）．

[104] 丁元竹．当前我国社会管理创新的主要领域和基本做法［J］．马克思主义与现实，2011（5）．

[105] 丁元竹．建立和完善基层社会管理体制的几点思考［J］．国家行政学院学报，2010（5）．

[106] 杜鹰．我国的城镇化战略及相关政策研究［J］．中国农村经济，2001（9）．

[107] 杜飞进．加强和创新社会管理的调查和思考［J］．学习与探索，2011（5）．

[108] 杜建芳．创新社会管理，激发社会活力的基本途径［J］．领导科学，2011（9）．

[109] 樊杰，刘毅，陈田，张文忠，金凤君，徐勇．优化我国城镇化空间布局战略重点与创新思路［J］．中国科学院刊，2013（1）．

[110] 樊红敏．城镇化进程中的社会风险［J］．人民论坛，2011（5）．

[111] 傅琼，赵宇．重庆统筹城乡发展中的社会管理体系研究——以“社会质量理论”的视角［C］．中国行政管理学会．中国行政管理学会2011年年会研讨会论文集，2011．

[112] 龚维斌．从单位管理走向社会建设［J］．国家行政学院学报，2009（4）．

[113] 龚维斌．基层社会管理创新的探索与思考［J］．国家行政学院学报，

2012 (3).

[114] 龚维斌. 我国社会管理体制存在的主要问题 [J]. 理论视野, 2010 (1).

[115] 辜胜阻, 李正友. 中国自上而下城镇化的制度分析 [J]. 中国社会科学, 1998 (2).

[116] 辜胜阻, 易善策, 李华. 中国特色城镇化道路研究 [J]. 中国人口、资源与环境, 2009, 19 (1).

[117] 辜胜阻, 易善策, 郑凌云. 基于农民工特征的工业化与城镇化协调发展研究 [J]. 人口研究, 2006 (5).

[118] 辜胜阻, 郑凌云, 易善策. 新时期城镇化进程中的农民工问题与对策 [J]. 中国人口、资源与环境, 2007 (1).

[119] 辜胜阻, 郑凌云. 人口逆淘汰与城镇化制度安排 [J]. 中国人口科学, 2002 (5).

[120] 辜胜阻, 朱农. 中国城镇化的区域差异及其区域发展模式 [J]. 中国人口科学, 1993 (1).

[121] 辜胜阻. 中国城镇化的发展特点及其战略思路 [J]. 经济地理, 1991 (3).

[122] 顾朝林. 论城市管治研究 [J]. 城市规划, 2000, 24 (9).

[123] 国家统计局课题组. 我国城镇化战略研究 [J]. 经济研究参考, 2002 (35).

[124] 韩保中. 全观型治理之研究 [J]. 公共行政学报, 2009 (31).

[125] 和经纬. 和谐社会视野下的政府社会管理 [J]. 武汉理工大学学报(社会科学版), 2005 (5).

[126] 胡宁生. 社会转型时期公共政策创新模式研究 [J]. 江海学刊, 2010 (1).

[127] 黄仁宗. 城镇化抑或迁徙自由——反思我国户籍制度改革的价值取向 [J]. 求实, 2002 (5).

[128] 黄汝娟. 社会管理创新与农村征地型群体性事件治理 [J]. 理论导刊, 2011 (8).

[129] 黄勇. 美国大都市区的发展与管理 [J]. 浙江社会科学. 2001 (3).

[130] 江晓军. 社会管理创新研究: 基于公共治理的视角 [D]. 长沙: 中南大学, 2012.

[131] 姜爱林. 中国城镇化理论研究回顾与述评 [J]. 城市规划汇刊, 2002 (3).

[132] 姜爱林. 论城镇化与工业化的关系 [J]. 经济学动态, 2001 (9).

[133] 姜爱林. 城镇化水平的五种测算方法分析 [J]. 中央财经大学学报, 2002 (8).

［134］姜爱林．新中国成立以来城镇化发展的历史变迁［J］．河南大学学报（社会科学版），2002（5）．

［135］金太军，袁建军．地方政府创新博弈分析［J］．江海学刊，2005（5）．

［136］孔繁斌．社会管理模式重构的批判性诠释——以服务行政理论为视角［J］．行政论坛，2012（1）．

［137］李程伟．社会管理体制创新：公共管理学视角的解读［J］．中国行政管理，2005（5）．

［138］李程伟．政府社会建设能力的提升：机制创新对策分析［J］．新视野，2006（1）．

［139］李景治．中国社会形态的基本特征与社会管理创新［J］．学术界，2011（10）．

［140］李德国，蔡晶晶．理解政府的社会管理职能［J］．领导文萃，2005（5）．

［141］李建国．日本的城市社区管理模式——东京都中野区地域中心考察［J］．城市问题，2003（3）．

［142］李军鹏．论中国政府社会管理的成就、问题与对策［J］．湖北行政学院学报，2005（1）．

［143］李军鹏．政府社会管理的国际经验研究［J］．中国行政管理，2004（12）．

［144］李培林．社会建设与我国新发展阶段的战略选择［J］．中共中央党校学报，2011（6）．

［145］李培林．正确处理新时期社会矛盾的关键点［J］．经济研究参考，2004（31）．

［146］李屏南，叶宏．构建促进社会和谐的社会管理［J］．湖南师范大学社会科学学报，2007（2）．

［147］李铁．关注农民工生存现状，加快农民工市民化进程研究［J］．兰州学刊，2012（9）．

［148］李铁．稳步推进城镇化合理配置土地资源［J］．中国土地，2010（6）．

［149］李铁．正确处理城镇化发展过程中的几个关系［J］．行政管理改革，2012（9）．

［150］李学举．加强社会建设与管理，促进社会和谐与发展［J］．求是，2005（7）．

［151］蓝志勇．社区发展是社会管理创新与和谐城市建设的重要基础［J］．中国行政管理，2011（10）．

［152］林卡．社会质量理论：研究和谐社会建设的新视角［J］．中国人民大学学报，2010（2）．

［153］林卡，高红．社会质量理论与和谐社会建设［J］．社会科学，2010（3）．

［154］林卡，郑锡平．社会质量理论与社会政策转型［J］．山西青年管理

干部学院学报，2012（12）.

[155] 刘峰．我国城镇化进程中的社会风险与防范［J］．发展研究，2009（9）.

[156] 刘海平．新型城镇化内涵探析［J］．决策探索，2012（7）.

[157] 刘继同．由静态管理到动态管理——中国社会管理模式的战略转变［J］．管理世界，2002（10）.

[158] 刘旺洪．社会管理创新：概念界定、总体思路和体系建构［J］．江海学刊，2011（5）.

[159] 刘玉安，佟光武．社会管理的和谐与合理——来自荷兰的启示［J］．中国行政管理，2007（2）.

[160] 刘新卫．中国城镇化发展现状及特点［J］．国土资源情报，2007（7）.

[161] 刘兴云．新型城镇化顶层设计的思路［N］．光明日报，2013-02-27.

[162] 陆大道．科学发展观与中国城镇化道路［J］．苏州大学学报（社会科学版），2007（2）.

[163] 陆大道，宋林飞，任平．中国城镇化发展模式：如何走向科学发展之路［J］．苏州大学学报（社会科学版），2007（2）.

[164] 陆学艺．社会建设就是建设社会现代化［J］．社会学研究，2011（4）.

[165] 陆学艺．别让社会结构成为现代化的“瓶颈”［J］．人民论坛，2012（1）.

[166] 陆学艺．关于社会建设的理论与实践［J］．国家行政学院学报，2008（2）.

[167] 吕志奎．中国社会管理创新的战略思考［J］．政治学研究，2011（6）.

[168] 马国芳．国外政府社会管理和公共服务发展新趋势及其启示［J］．云南财经大学学报，2010（3）.

[169] 马凯．努力加强和创新社会管理［J］．国家行政学院学报，2010（10）.

[170] 马晓河，胡拥军．中国城镇化进程、面临问题及其总体布局［J］．改革，2010（10）.

[171] 马立平．居民幸福感的测量［J］．首都经济贸易大学学报，2007（2）.

[172] 毛寿龙，蔡晶晶．中国城市化进程中乡村治理的变迁问题——基于贵州省习水县二郎乡实施“三关工程”的思考［J］．华东经济管理，2009（2）.

[173] 毛寿龙，陈建国．政府效能建设与治道变革——以江苏省淮安市为例［J］．领导科学，2011（11）.

[174] 倪鹏飞．新型城镇化的基本模式、具体路径与推进对策［J］．江海学刊，2013（1）.

[175] 聂林．国外社区管理模式比较［J］．社会观察，2004（5）.

[176] 宁骚．中国公共政策为什么成功［J］．新视野，2012（1）.

[177] 彭锦鹏．全观型与制度化治理：理论策略［J］．政治科学论丛（台湾），2005（23）.

[178] 仇保兴. 城市文化复兴与规划变革 [J]. 城市规划, 2007 (8).

[179] 仇保兴. 论五个统筹与城镇体系规划 [J]. 城市规划, 2004 (1).

[180] 仇保兴. 我国城镇化的特征、动力与规划调控 [J]. 城市发展研究, 2003 (2).

[181] 仇保兴. 我国城镇化高速发展期面临的若干挑战 [J]. 城市发展研究, 2003 (6).

[182] 仇保兴. 我国的城镇化与规划调控 [J]. 城市规划, 2002 (9).

[183] 束锦. 社会管理创新与协商民主的理论契合及实践探索 [J]. 社会主义研究, 2011 (5).

[184] 宋林飞. 建立社会管理体系的难点和突破点 [J]. 社会科学研究, 2012 (6).

[185] 孙柏瑛. 当代政府治理变革中的制度设计与选择 [J]. 中国行政管理, 2002 (2).

[186] 孙柏瑛. 公民参与形式的类型及其适用性分析 [J]. 中国人民大学学报, 2005 (5).

[187] 孙柏瑛. 基层政府社会管理中的适应性变革 [J]. 中国行政管理, 2012 (5).

[188] 孙立平. 走向积极的社会管理 [J]. 社会学研究, 2011 (4).

[189] 孙立平. 我国进入中等收入阶段后, 需要警惕的不是"中等收入陷阱"——"转型陷阱"的提出与意义 [N]. 北京日报, 2013-08-19 (18).

[190] 孙宁华. 经济转型时期中央政府与地方政府的经济博弈 [J]. 管理世界, 2001 (3).

[191] 施雪华. 当前中国社会管理的成就、问题与改革 [J]. 学习与探索, 2013 (3).

[192] 陶庆. 社会和谐治理: "正当妥协"的宪政地方性知识——以南方市福街草根民间商会为例 [J]. 人文杂志, 2007 (3).

[193] 唐任伍. 我国城镇化进程的演进轨迹与民生改善 [J]. 改革, 2013 (6).

[194] 陶然, 曹广忠. 空间城镇化、人口城镇化的不匹配与政策组合应对 [J]. 改革, 2008 (10).

[195] 童星. 论马克思的社会发展理论 [J]. 江苏大学学报 (社会科学版), 2009 (11).

[196] 童星. 社会管理的组织创新——从"网格连心、服务为先"的"仙林模式"谈起 [J]. 江苏行政学院学报, 2012 (1).

[197] 王勇. 中国特色社会主义社会管理研究 [D]. 天津: 天津师范大学, 2010.

[198] 王本兵. 我国城镇化发展的制度创新研究 [D]. 青岛: 中国海洋大学, 2011.

[199] 王磊, 胡鞍钢. 中国社会管理创新的制度背景 [J]. 探索与争鸣, 2011 (9).

[200] 王国红. 地方政府的政策规避与政策创新辨析 [J]. 政治学研究, 2007 (2).

[201] 王国华, 毕帅辉. 国外社会管理的成功经验和启示 [J]. 学习月刊, 2011 (6).

[202] 王日根, 陈瑶. 近年来中国近代社会演迁研究的学术反思 [J]. 学术研究, 2010 (1).

[203] 王鹤, 尹来盛, 冯邦彦. 从传统城市化到新型城市化——我国城市化道路的未来选择 [J]. 经济体制改革, 2013 (1).

[204] 王丽荣. 亚洲社会质量指标: 什么是独特的? [A] //张海东. 社会质量研究: 理论、方法与经验 [C]. 北京: 社会科学文献出版社, 2011.

[205] 王沪宁. 中国: 社会质量与新政治秩序 [J]. 社会科学, 1989 (6).

[206] 王如松. 生态文明与"五位一体" [J]. 经济研究参考, 2013 (1).

[207] 王伟. 基于制度分析的我国人口城镇化演变与城乡关系转型 [J]. 城市规划学刊, 2007 (4).

[208] 王一鸣. 中国城镇化进程、挑战与转型 [J]. 中国金融, 2010 (4).

[209] 王永昌. 坚持走新型城市化道路合理提升城市综合竞争力 [J]. 中国发展, 2007 (1).

[210] 汪大海, 刘金发. 转型期中国公共行政市场价值和公共价值的整合 [J]. 中国行政管理, 2011 (11).

[211] 温铁军. 农村城镇化过程中的陷阱 [J]. 战略与管理, 1998 (6).

[212] 吴江, 王斌, 申丽娟. 中国新型城镇化进程中的地方政府行为研究 [J]. 中国行政管理, 2009 (3).

[213] 吴忠民. "公正"与"公平"之辩 [N]. 光明日报, 2007-08-14 (8).

[214] 吴忠民. 论社会质量 [J]. 社会学研究, 1990 (4).

[215] 夏永祥, 王常雄. 中央政府与地方政府的政策博弈及其治理 [J]. 当代经济科学, 2006 (2).

[216] 谢庆奎, 陶庆. 政府执行力探索 [J]. 中国行政管理, 2007 (11).

[217] 谢庆奎. 论政府创新 [J]. 吉林大学社会科学学报, 2005 (1).

[218] 徐祖荣. 社会管理创新范式: 协同治理中的社会组织参与 [J]. 井冈山干部学院学报, 2011 (3).

[219] 许益军. 中国特色社会管理: 一个基于体系分析的解释框架 [J]. 南京社会科学, 2012 (6).

［220］许经勇．新型城乡关系的基础：新农村与城市化融为一体［J］．陕西师范大学学报（社会科学版），2006，33（5）．

［221］叶托，李金珊，杨喜平．碎片化政府：理论分析与中国实际［J］．中共宁波市委党校学报，2011（2）．

［222］郁建兴．城市化进程中的地方政府治理转型：一个新的分析框架［J］．社会科学，2011（11）．

［223］颜俊．巴西人口城市化进程及模式研究［D］．上海：华东师范大学，2011．

［224］袁浩，马丹．社会质量视野下的主观幸福感［J］．吉林大学社会学报，2011（7）．

［225］俞可平．人的全面发展：马克思主义的最高命题和根本价值［J］．马克思主义与现实，2001（5）．

［226］俞可平．治理和善治：一种新的政治分析框架［J］．南京社会科学，2001（9）．

［227］俞可平．中华人民共和国六十年政治发展的逻辑［J］．马克思主义与现实，2010（1）．

［228］虞锡君．正确处理城乡一体化进程中的五个基本关系——以浙江嘉兴为例［J］．嘉兴学院学报，2005，17（1）．

［229］张贵凯．人本思想指导下推进新型城镇化研究——以陕西省为例［D］．西安：西北大学，2013．

［230］张维迎，邓峰．信息、激励与连带责任——对中国古代连坐、保甲制度的法和经济学解释［J］．中国社会科学，2003（3）．

［231］张帆，陆艺．基于公民权利价值导向的社会管理体制创新［J］．求实，2012（4）．

［232］张康之．论参与治理、社会自治与合作治理［J］．行政论坛，2008（6）．

［233］张康之．论政府行为模式从控制向引导的转变［J］．北京行政学院学报，2012（2）．

［234］张海东．从发展道路到社会质量：社会发展研究的范式转换［J］．江海学刊，2010（10）．

［235］张海东．社会质量视角中的社会风险应对［J］．江海学刊，2011（3）．

［236］张海东．社会质量与社会公正［J］．吉林大学社会学报，2011（7）．

［237］张敏杰．西方发达国家社会管理的新趋势及其启示［J］．浙江社会科学，2011（6）．

［238］张占斌．新型城镇化的战略意义和改革难题［J］．国家行政学院学报，2013（1）．

［239］郑杭生．社会学视野中的社会建设与社会管理［J］．中国人民大学

学报，2006（2）.

[240] 郑杭生．我国社会建设社会管理的参照系及其启示——一种中西比较的视角 [J]. 国家行政学院学报，2011（6）.

[241] 郑杭生，黄家亮．论我国社区治理的双重困境与创新之维——基于北京市社区管理体制改革实践的分析 [J]. 东岳论丛，2012（1）.

[242] 郑永年．"维稳"靠的是社会中间力量 [J]. 中国企业家，2010（23）.

[243] 郑永年．中国模式：经验与困局 [J]. 学习月刊，2012（5）.

[244] 钟涨宝．社会转型与农村社会管理机制创新 [J]. 华中农业大学学报（社会科学版），2011（2）.

[245] 周红云．社会管理体制改革当秉持何种理念 [J]. 理论参考，2011（3）.

[246] 周澍，郑晓东，毛丹．国外社会管理的有益经验 [J]. 浙江社会科学，2011（8）.

[247] 周秀平．社区创新社会管理经验与挑战 [J]. 中国行政管理，2011（9）.

[248] 周怡．寻求整合的分化：权力关系的独特作用 [J]. 社会学研究，2006（5）.

[249] 朱宝树．小城镇户籍制度改革和农村人口城镇化新问题研究 [J]. 华东师范大学学报（哲学社会科学版），2004（5）.

[250] 朱士群．亨廷顿的政治稳定理论及其借鉴意义 [J]. 安徽大学学报，2000（5）.

[251] 竺乾威．从公共管理到整体性治理 [J]. 中国行政管理，2008（10）.

[252] 曾培炎．贯彻落实"三个代表"重要思想，深入研究事关经济发展全局的重大问题 [J]. 宏观经济管理，2001（9）.

[253] 曾宪明．中国特色城市化道路研究 [D]. 武汉：武汉大学，2005.

四、英文参考文献

[254] Alana Rosenberg, Kari Hartwig, Michael Merson. Government-NGO Collaboration and Sustainability of Orphans and Vulnerable Children Projects in Southern Africa [J]. Evaluation and Program Planning, 2008 (31).

[255] Afia Zafar. Frequency of Isolation of Various Subtypes and Antimicrobial Resistance of Shigella from Urban Slums of Karachi [J]. International Journal of Infectious Diseases, 2009, 13 (6).

[256] A. Canolin Crabbe. A Quarter Century of Pension Reform in Latin America and the Caribbean: Lessons Learned and Next Steps [R]. Inter-American Development Bank, 2005.

[257] W. A. Armstrong. The Influence of Demographic Factors on the Position of the Agricultural Labourer in England and Wales, c. 1750 – 1914 [J]. Agricultural His-

tory Review, 1981 (29) .

[258] B. R. Mitchell, P. Deane. Abstract of British History Statistics [M]. Cambridge: Cambridge University Perss, 1962.

[259] Beck W, Van Der Masesn L, A. Walker, et al. The Social Quality of Europe [M]. Hague: Kluwer Law International, 1997.

[300] Beck W, Van Der Masesn L, Thomese F, et al. Social Quality: a Vision for Europe [M]. Hague: Kluwer Law International, 2001.

[301] Beck W, Maesen L, Thomese F. Social Quality: A Vision for Europe [M]. Hague: Kluwer Law International. 2001.

[302] Bell. Jonathan. Book Review: the Racial Mosaic of Modern America: California and the history of the Civil Rights Movement [J]. LSE Review of Books, 2012 (6) .

[303] Benjamin K. An International Comparison of Four Polycentric Approaches to Climate and Energy Governance [J]. Energy Policy, 2011 (39) .

[304] Brian J L. Urbanization and Counterurbanization in the United States [J]. The ANNALS of the American Academy of Political and Social Science, 1980.

[305] Beeker B K and Egler C A. Brazil: a New Regional Power in the World Economy [M]. Cambridge: Cambridge University Press, 1992.

[306] Chris Ansell, Alison Gash. Collaborative Governance in Theory and Practice [J]. Journal of Public Administration Research and Theory, 2007 (18) .

[307] Christopher Pollitt. Joined-up Government: a Survey [J]. Political Studies Review, 2003 (1) .

[308] Coskun Selim. The Practices of Strategic Planning in Public Administration: The Case of the USA [J]. Amme Idaresi Dergisi, 2011 (44) .

[309] Corentin M. Barbu. The Effects of City Streets on an Urban Disease Vector [J]. PLOS Computational Biology, 2013, 9 (1) .

[310] Coskun Selim. The Practices of Strategic Planning in Public Administration: The Case of the USA [J]. Amme Idaresi Dergisi, 2011 (44) .

[311] Colin Murray. Displaced Urbanization: South Africa's Rural Slums [J]. African Affairs, 1987, 86 (344) .

[312] Dave Huitema, Erik Mostert, Wouter Egas, et al. Adaptive Water Governance: Assessing the Institutional Prescriptions of Adaptive (Co-) Management from a Governance Perspective and Defining a Research Agenda [J]. Ecology and Society, 2009, 14 (1) .

[313] David Greenberg, Donna Linksz, Marvin Mandell. Social Experimentation and Public Policymaking [M]. Washington D. C.: The Urban Institute Press, 2003.

[314] Ernest Harsch. African Cities under Strain: Initiatives to Improve Housing, Services, Security and Governance [J]. Africa Recovery, 2001, 15 (7) .

[315] Esther Martinez. Transparency and information access at local level: the case of the municipality of Metepec [J]. Convergencia- Revista de Ciencias Sociales, 2012 (19) .

[316] Emilio Antonio, William D. Taylor. Crisis and hope in Latin America: An Evangelical Perspective [M]. Chicago: Moody Press, 1996.

[317] Elinor Ostrom. Beyond Markets and States: Polycentric Governance of Complex Economic Systems [J]. American Economic Review, 2010 (100) .

[318] Evan S. Lieberman. The Perils of Polycentric Governance of Infectious Disease in South Africa [J]. Social Science and Medicine, 2011 (73) .

[319] Fan S K, Yuan H G. Right, Interest and Duty: The Three Main Themes of 60 Years' Civic Engagement in Social Governance in China [A]. Proceedings of 2009 International Conference on Public Administration (5th), 2009.

[320] F. E. Wagner, John Ward. Urbanization and Migration in Brazil [J]. The American Journal of Economics and Sociology, 1980, 39.

[321] Gerard van Bortel, David Mullins, Mary Lee Rhodes. Exploring Network Governance in Urban Regeneration, Community Involvement and Integration [J]. Journal of House and the Built Environment, 2009 (24) .

[322] Graham R. Marshall. Polycentricity, Reciprocity, and Farmer Adoption of Conservation Practices under Community-based Governance [J]. Ecological Economics, 2009 (68) .

[323] Guldin G E. Farewell to peasant China: Rural Urbanization and Social Change in the Late Twentieth Century [M]. New York: M . E. Sharpe, 1997.

[324] Gong P, Liang S, Carlton E, et al. Urbanisation and Health in China [J]. Lancet, 2012, 379 (9818) .

[325] Henny Luz Heredia Martínez, Elizabeth Artmann, Silvia Marta Porto. Communicative Approach of Situational Strategic Planning at the Local Level: Health and Equity in Venezuela [J]. Cad. Saúde Pública, 2010, 26 (6) .

[326] Heilmann Sebastian. From Local Experiments to National Policy: The origins of China's Distinctive Policy Process [J]. China Journal, 2008 (59) .

[327] James K. Agbodzakey. Collaborative Governance of HIV Health Services Planning Councils in Broward and Palm Beach Counties of South Florida [J]. Public Organization Review, 2012, 12 (2) .

[328] Heneghan Beatrice. E-Governance in Irish Local Government: A Process and Technology KM Framework [A]. Proceedings of the 10th European Conference on

E-Government, 2010.

［329］ Jerry Velasquez, Makiko Yashiro, Susan Yoshimura, et al. Innovative Communities: Community-Centered Environmental Management in Asia and the Paci? c［M］. Paris: United Nations University Press, 2005.

［330］ John Friedmann. China's Urban Transition［M］. Minneapolis: University of Minnesota Press, 2005.

［331］ John J. Harrigan, Ronald K. Vogel. Political Change in the Metropolis［M］. London: Longman, 2000.

［332］ Judge P. Strategies of Social Change in India［M］. New Delhi: Uppal Pub, 1996.

［333］ Juan Gabriel Cegarra Navarroa, José Rodrigo Córdoba Pachónb, et al. E-government and Citizen's Engagement with Local Affairs through e-websites: The Case of Spanish Municipalities［J］. International Journal of Information Management, 2012, 32（5）.

［334］ K. Girish Misra, G. C. Mathur, L. N. P. Mohanty, et al. Sustainable Urban Development［M］. New Delhi: Uppal Pub, 1997.

［335］ Kenneth G, David M. Bureaucracy, Politics and Decision-making in Post-Mao China［M］. Berkeley: University of California Press, 1992.

［336］ King D W, Griffiths J M. Economic Issues Concerning Electronic Publishing and Distribution of Scholarly Articles［J］. Library Trends, 1995, 43（4）.

［337］ Keith G. Provan, Patrick Kenis. Modes of Network Governance: Structure, Management, and Effectiveness［J］. Journal of Public Administration Research and Theory, 2007（18）.

［338］ Lily L. Tsai. Accountability without Democracy: Solidary Groups and Public Goods Provision in Rural China［M］. Cambridge: Cambridge University Press, 2007.

［339］ Len Bloom. Some Problems of Urbanization in South Africa［J］. Phylon, 1964, 25（4）.

［340］ Martin S, I. Sanderson. Evaluating Public Policy Experiments［J］. Evaluation, 1999, 5（3）.

［341］ Michael McGuire. Collaborative Public Management: Assessing What We Know and How We Know It［J］. Public Administration Review, 2006, 66（Supplyment）.

［342］ Michele M. Betsill, Harriet Bulkeley. Transnational Networks and Global Environmental Governance: The Cities for Climate Protection Program［J］. International Studies Quarterly, 2004, 48（2）.

[343] Misuraca Gianluca, Alfano Giuseppe, Viscusi Gianluigi. Multi-Level Interoperability for ICT-Enabled Governance: A Framework for Assessing Value Drivers and Implications for European Policies [A]. Proceedings of the 10th European Conference on Egoverment, 2011.

[344] Mulugeta S. Kahsai. Deconcentration, Counter-Urbanization, or Trend Reversal? The Population Distribution of Switzerland, Revisited [J]. The Open Urban Studies Journal, 2010, 3 (1) .

[345] Marcelo Resende. Gibrat's Law and the Growth of Cities in Brazil: A Panel Date Investigation [J]. Urban Studies, 2004, 41 (8) .

[346] Neil Smelser, William Wilson, Faith Mitchell. The Growing Complexity of America's Racial Mosaic [J]. Population Matters, 2001, 1.

[347] OECD. Organization for Economic Co-operation and Development [R]. Governance in China, 2005.

[348] P. D. A. Harvey. The Peasant Land Market in Medieval England [M]. Oxford: The Clarendon Press, 1984.

[349] Perri 6, Diana Leat, Kimberly Seltzer, et al. Towards Holistic Governance: The New Reform Agenda [C]. New York: Palgrave, 2002.

[350] Perri 6. Holistic Government [M]. London: Demos, 1997; Governing in the Round: Strategies for Holistic Government [M]. London: Demos, 1999; Towards Holistic Governance: The New Reform Agenda [C]. New York: Palgrave, 2002.

[351] Peng Jinpeng. Holistic Governance: Theory and Strategy of Institutionalization [J]. Study of Political Science (Taiwan), 2005 (23) .

[352] Patrick Dunleavy. New Public Management is Dead——Long Live the Digital Era Governance [J]. Journal of Public Administration Research and Theory, 2006 (3) .

[353] Rimantas Gatautis, Vitkauskaite Elena. Towards e-Government Interoperability: Lithuania Case [J]. Journal of IBIMA Business Review, 2010 (3) .

[354] R. Leach J. Percy. Local governance in Britain [M]. New York: Palgrave Press, 2001.

[355] Ray M. Northam. Urban Geography [M]. Ann Arbor: University of Michigan Press, 1975.

[356] Richard Dagger. Metropolis, Memory and Citizenship [J]. American Journal of Political Science, 1981, 25 (4) .

[357] Robert A, Jay M. Shafritz, Albert C. The Science of Public Administration: Three Problems [J]. Public Administration Review. 1947, 7 (1) .

[358] Rony Medaglia. Local Networking for e-Services: A UK Case Study [C].

Heidelber: Springer, 2006.

[359] Rosenbloom David. History Lessons for Reinventors [J]. Public Administration Review, 2001, 61 (2) .

[360] Robert R. Weaver. Some Implications of the Emergence and Diffusion of Medical Expert Systems [J]. Qualitative Sociology, 1986, 9 (3) .

[361] Herbert A. Simon. The Proverbs of Administration [J]. Public Administration Review, 1946, 6.

[362] Sheila Lewis. Delivering 'Best Value' in Local Government Services [R]. Proceedings of Value Engineering and Technology Innovation, 1999.

[363] Sheila Lewis. Delivering 'Best Value' in Local Government Services [A]. Proceedings of Value Engineering and Technology Innovation, 1999.

[364] E. Sheppard. Socialist cities? [J]. Urban Geography, 2000, 21 (8) .

[365] Sylvia Horton, David Farnham. Public Administration [M]. London: Macmillan Press L. T. D. , 1999.

[366] Sirkku Juhola, Lisa Westerhoff. Challenges of Adaptation to Climate Change across Multiple Scales: a Case Study of Network Governance in Two European Countries [J]. Environmental Science and Policy, 2011 (14) .

[367] Shen J F. Understanding Dual-rack Urbanization in Post-reform China: Conceptual Framework and Empirical Analysis [J]. Population, Space and Place, 2006, 12 (6) .

[368] Samik Shome. India's urbanization and business attractiveness by 2020 [J]. Cities, 2013 (31) .

[369] Shaw Taylor, Leigh. Parliamentary Enclosure and the Emergence of an English Agricultural Proletariat [J]. Journal of Economic History, 2001, 61 (3) .

[370] Stephen Goldsmith, William Eggers. Governing by Network: The New Shape of the Public Sector [M]. Beijing: Peking University Press, 2008.

[371] Sebastian Edwards. The Chilean Pension Reform: A Pioneering Program [Z]. NBER Working Paper, November, 1996.

[372] T. Palanivel. Sustainable Development of China, India and Indonesia: Trends and Responses [C]. Tokyo: United Nations University, 2001.

[373] Thomas R. Dye. Politics in States and Communities [J]. Prentice Hall, 1994, 44 (20) .

[374] Tom Ling. Delivering Joined-Up Government in the UK: Dimensions, Issues and Problems [J]. Public Administration, 2002, 80 (4) .

[375] Troy W. Hartley. Fishery Management as a Governance Network: Examples from the Gulf of Maine and the Potential for Communication Network Analysis Re-

search in Fisheries [J]. Marine Policy, 2010 (34) .

[376] Thomas J. Sugrue. The Origins of the Urban Crisis: Race and Inequality in Postwar Detroit [M]. Princeton: Princeton University Press, 2005.

[377] World Bank, World development Indicators, 2009.

[378] Wong D F, Li C Y, Song H X. Rural Migrant Workers in Urban China: Living a marginalised life [J]. International Journal of Social Welfare, 2007, 16 (1) .

[379] Zahray W P, Sirbu M. The Provision of Scholarly Journals by Libraries Via Electronic Technologies: An Economic Analysis [J]. Information Economics and Policy, 1990 (4) .

致　谢

本书是笔者博士三年的总结。2011 年，我踏上了北上的求学路，来到北京师范大学政府管理学院。三年来，我在导师汪大海教授以及别的校内外专家、学者的悉心指导下学习行政管理的相关知识，选定研究方向，并有针对性地进行研究。三年的学习结束，而学位论文的完成也为博士生涯画上了一个句点。在博士生涯的三年里，我得到了诸多师长、同学、朋友以及家人的关心和爱护，本书的出版离不开他们的支持，在此我要对他们致以真诚的谢意！

感谢我的导师汪大海教授。汪教授渊博的学识、前沿并具有创新性的学术观点、严谨治学的态度、对学生的关心和爱护深深影响了我。在攻读博士学位期间，我有幸参与了导师多项课题的申请、调研、结项，其中汲取到的知识和经验岂是寥寥数语可以形容的，而本书的选题，也来自于社科重大基金的研究，项目的调研和资料为本书提供了宝贵的写作素材。感谢北师大政府管理学院的各位教授和老师。

感谢 2011 级行政管理博士班刘金发博士、南锐博士、柴铎博士、朱兴宏博士、李晓博士、翟羽佳博士、周清波博士、李澄博士、邓雁玲博士、毕娟博士、杜习奇博士、高升博士、杨木春博士，还要感谢其他学院的徐苗博士、熊德忠博士以及中南财经政法大学的寇垠博士等人，博士期间与你们一起学习、讨论的生活十分愉快，这样的日子充实了我的博士生涯。感谢柳亦博、钟振明、张玉磊、刘敏、杨新红、商英伟、曹永启、李巍然、张沃野、何璐、牛亚军、贺景、章雅筠等同门，你们在生活和学习上给予我的帮助让我深深体会到了同学情谊。感谢校内外的刘浩、贺帅、蔡葵、老吴等朋友对我生活的关照，你们邀请我进行的各种健身和娱乐活动调剂了我三年枯燥的学术生活。

感谢我的父亲王高进先生和母亲周辉女士，是你们一直以来对我的支持和关怀让我能一路走到今天，没有你们的鼓励，就没有今天我所取得的成就。同时对多年漂泊在外，未能在身前尽孝感到深深的愧疚。尽管现已参加工作，仍未能回报二老一二，实在汗颜，感谢你们无私的付出。

感谢岳父韩益民先生和岳母周智女士，你们为我们小两口的日子舍弃了自己的生活，为外孙女妧妧的成长付出了自己的心血和时间，正是你们对我们小日子的悉心关照，爱人才能平衡家庭与学习，并顺利毕业，我才能专注于工作，感谢你们无私的付出。

感谢我的爱人韩天慧女士，我们初识在校园，彼时都是学生，而此时我为人父工作已有年头，你为人母也即将毕业。几年来，你让我沉闷的博士生活有了年轻的色彩，让我工作后不会沦入世俗，而宝宝的出生，使我们的生活真正做到了彼此交织，不再有间隙。你马上也将踏入社会了，那么就将此书当作你毕业的贺礼，愿勇气和好运一直伴随着你。

感谢我的女儿妧妧，你是我工作后仍不放松对自己要求的动力来源。虽然早就做好了你出生的准备，但最终发现准备再多也还是有措手不及的时候。感谢生命有你，让我们共同成长。

感谢北京理工大学出版社的邢琛先生和王晓莉女士，其为本书的顺利出版付出了诸多心血，在此表示诚挚的谢意。

谨以此拙作献给诸位师长、同窗好友和亲人！